Ameisenbüc

oder, Anweisung zu einer vernünftigen

Erziehung der Erzieher

Christian Gotthilf Salzmann

Alpha Editions

This edition published in 2022

ISBN : 9789356788497

Design and Setting By
Alpha Editions
www.alphaedis.com
Email - info@alphaedis.com

Contents

Einleitung.

Die zweite Hälfte des vorigen Jahrhunderts war eine Zeit der Umwälzung auf dem Gebiete der Kunst, Wissenschaft und Poesie. Der Kunst wurden von Winkelmann (1716-1768) und Lessing (1729-1781) neue Richtlinien gegeben, und in der deutschen Litteratur begann, vorbereitet durch die kritischen Kämpfe, mit dem Erscheinen von Klopstocks „Messiade", von Wielands und Lessings ersten Schriften die Morgenröte der zweiten klassischen Periode, der zuvor aber noch die Sturm- und Drangperiode, die „Periode der Original- und Kraftgenies" voranging, der selbst unsere größten Dichter Schiller und Goethe mit ihren Erstlingswerken angehören. Auf religiösem Gebiete suchte der in England durch Shaftesbury und seine Anhänger ins Leben tretende Deismus an Stelle der positiven Religion die Vernunft- und Naturreligion zu setzen. Voltaire und Rousseau verbreiteten die deistischen Ideen durch ihre Schriften weiter, und durch die französischen Enzyklopädisten Diderot († 1784), Helvetius († 1771), Holbach und d'Alembert († 1783) ward der Deismus, dem immer noch ein gewisser Ernst eigen war, zum flachen, alles Glaubens baren Materialismus. Die Naturreligion fand auch in Deutschland ihre Anhänger, wo sie in gemilderter Form als Rationalismus auftrat, als dessen Vertreter Ernesti (1707-1781), Semler (1725-1791) und Reimarus (1694-1768) zu nennen sind.

Daß diese Reformbestrebungen auch auf die Pädagogik ihren Einfluß ausüben mußten, ist selbstverständlich, wenn man bedenkt, wie innig diese Wissenschaft mit Religion, Naturanschauung und anderen Wissensgebieten zusammenhängt. Und diese Reform auf dem Gebiete der Erziehung und des Unterrichts blieb dann auch nicht aus. Die Hauptanregung zu derselben ging von Frankreich aus, namentlich als Rousseau in seinen socialpädagogischen Schriften, besonders aber in seinem „Emil" 1762), dem „Naturevangelium", wie Goethe es nennt, das Ideal einer naturgemäßen Erziehung aufgestellt hatte. Zwar waren schon im 17. Jahrhundert Männer aufgetreten, die ihre Lebensaufgabe darin suchten, das Erziehungswesen aus den alten, ausgetretenen Geleisen, aus dem Mechanismus, herauszureißen. Es sei nur erinnert an die Bestrebungen eines Ratich, Comenius, Herzog Ernst des Frommen, August Hermann Francke u. a. Aber ihre Bestrebungen hatten es nicht vermocht, den alten Schlendrian im Schulwesen zu beseitigen. So sagt Raumer in seiner Geschichte der Pädagogik (II. S. 297): „Die Jugend war damals für die meisten eine sehr geplagte Zeit, der Unterricht hart und herzlos streng. Die Grammatik wurde dem Gedächtnis eingebläut, ebenso die Sprüche der Schrift und die Liederverse. Eine gewöhnliche Schulstrafe war das Auswendiglernen des 119. Psalmes. Die Schulstuben waren melancholisch-dunkel. Daß die Jugend auch mit Liebe etwas arbeiten könne, das fiel niemandem ein, so wenig, als daß sie die Augen zu irgend etwas anderem als zum Lesen und Schreiben haben könne." Da traten John Locke und namentlich Jean-Jacques Rousseau mit ihren pädagogischen Reformbestrebungen auf den Schauplatz. Während letzterer in Frankreich verfolgt ward, und seine Schriften verbrannt wurden, begrüßte man in Deutschland seine pädagogischen Ideen mit Freuden. Hier waren es die Philanthropen, die die durch sie geläuterten Ideen Rousseaus zur praktischen Ausführung brachten. Philanthropen wurden diese Männer genannt, weil sie „als das Ziel der Erziehung überhaupt und ihrer Arbeit insbesondere die menschliche Glückseligkeit betrachteten" (Dittes). Sie suchten beim Unterrichte dem Nützlichkeitsprinzipe Geltung zu verschaffen und an Stelle eines traditionellen Mechanismus eine bessere, der Natur des Kindes entsprechende Methode einzuführen. Die bislang trotz Comenius und Francke fast völlig unbeachtet gelassenen Realien wurden von ihnen mehr berücksichtigt, und die leibliche Erziehung des Kindes gemäß dem Worte Lockes: „Mens sana in corpore sano!" mehr in den Vordergrund gestellt. Dr. Karl Schmidt stellt als Vorzüge der philanthropischen Erziehung hin: Der Philanthropinismus hat: a) die Erziehung dem verderblichen Zwange des äußeren Lebens enthoben und sie mit freierem Geiste belebt; b) der körperlichen Ausbildung Geltung verschafft; c) den toten Gedächtniskram aus der Schule verbannt; d) der Offenbarung Gottes in der Natur und dem Kirchentum gegenüber das Christentum betont; e) die Schulstuben zu Sitzen der Gesundheit, des Frohsinns und der Liebe gemacht; f) vor allem aber eine neue Periode für Unterrichtsbücher und Unterhaltungsschriften geschaffen.

Zwar gerieten die Philanthropen in ihren Bestrebungen auf falsche Bahnen, da sie entgegen der christlichen Lehre statt der Erlangung der ewigen Seligkeit die menschliche Glückseligkeit, den Eudämonismus als das Ziel der Erziehung hinstellten; doch haben sie auf die Entwickelung der deutschen Pädagogik einen nicht zu unterschätzenden segensreichen Einfluß ausgeübt. Mag ihren Ideen und Bestrebungen auch manches Irrige und Unpraktische anhaften, so muß man doch mit Dankbarkeit das durch sie bewirkte Gute und Nützliche anerkennen. Viele ihrer pädagogischen Grundsätze und Ideen haben auch jetzt noch ihre volle Berechtigung; ja manche von ihnen harren trotz des Fortschrittes, den die Pädagogik seitdem gemacht, noch der Erfüllung.

Als Vertreter des Philanthropinismus sind zu nennen: Wolke, der durch seine litterarischen Arbeiten eine gründliche Reform der deutschen Sprache anstrebte, Trapp, der eine wissenschaftliche Begründung und systematische Ordnung der Erziehungslehre herbeizuführen sich bemühte, Olivier, der durch seine Lesemethode, die zwar sinnreich und bildend, aber unpraktisch war, den ersten Leseunterricht zu bessern versuchte. Die Hauptvertreter des Philanthropinismus waren aber Basedow, der Gründer des Dessauer

Philanthropin, der durch seine Schriften und Reklamemacherei viel zur Verbreitung der neuen pädagogischen Ideen beitrug, Campe, der Verfasser des Robinsons und vieler anderer Jugendschriften, der sich um die Reinigung der deutschen Sprache verdient machte, und Salzmann. Letzterer ist aber die verehrungswürdigste Gestalt von den Philanthropen und hat von diesen auch am nachhaltigsten gewirkt.

Christian Gotthilf Salzmann ward am 1. Juni 1744 als der Sohn eines Predigers zu Sömmerda, im Kreise Weißensee, Regierungsbezirk Erfurt geboren. Sömmerda ist in unserer kriegerischen Zeit durch Nikolaus von Dreyses Zündnadelgewehr bekannt. Bis zu seinem fünften Jahre erhielt Salzmann Unterricht von seinen Eltern, von der Mutter im Lesen, vom Vater im Lateinischen. Die Erziehung des Elternhauses war wie das Leben desselben einfach und fromm. Später besuchte der Knabe die Schule, die aber keinen günstigen Eindruck auf ihn machte. In seinen späteren Jahren sagte er darüber: „In der Schule wurde der Religionsunterricht eigentlich gar nicht erteilt; denn das Auswendiglernen des Katechismus und des Spruchbuches kann doch wohl nicht Religionsunterricht heißen." Das Einkommen des Vaters war nur gering, so daß er, um seine Familie in Ehren durchzubringen, neben seinem Amte in Feld und Garten tüchtig Hand anlegen, ja seiner thätigen Hausfrau oft das Gespinst haspeln mußte. So lernte auch der junge Salzmann im elterlichen Hause die Arbeit früh lieb gewinnen. Wenn an langen Winterabenden der Vater am Haspel und die Mutter am Spinnrocken saß, so mußte der Sohn in der Bibel vorlesen. So gewann er früh trotz des mangelhaften Religionsunterrichtes in der Schule das Wort Gottes lieb, und noch in seinem letzten Lebensjahre bekannte er: „Wenn ich oft, von Unmut niedergedrückt, am Rande der Verzweiflung wandelte, gab mir ein Spruch aus den Psalmen neues Leben, neuen Mut. Noch jetzt dienen mir diese Sprüche zur Erquickung."

Von 1756 an besuchte Salzmann das Gymnasium zu Langensalza, und als sein Vater 1758 nach Erfurt versetzt ward, empfing er von diesem Privatunterricht. Er besuchte kein Gymnasium mehr, sondern besuchte später noch einige Kollegia an der damals noch bestehenden Erfurter Universität. Seiner Eltern Wunsch war, daß der Sohn, wie es der Vater war, Prediger werden solle. Diesem Wunsche kam Salzmann auch nach, als er mit seinem 17. Jahre (1761) die Universität Jena behufs Studium der Theologie bezog.

An dem wüsten Studentenleben, das dort herrschte, nahm er keinen Anteil. Viel lieber erging er sich in dem romantischen Rauhthale bei Jena in der Betrachtung des Stilllebens in der Natur. Er schrieb später darüber:„Die innige Freude, welche ich bei meinen einsamen Spaziergängen durch das Rauhthal an dem Aufmerken auf die mich umgebenden Naturgegenstände, an der genaueren Betrachtung und Beobachtung derselben finden lernte, war mir bis dahin noch unbekannt gewesen. Ich sah die Schöpfung und ihren Urheber in einem neuen Lichte." Hier ruht der Keim zu der späteren Schnepfenthaler Lebensregel, daß die sittliche und auch geistige Entwickelung zu führen sei: „Vom Sichtbaren zum Unsichtbaren."

Ende 1764 kehrte Salzmann ins Elternhaus zurück, wo er bis 1768 blieb und den Unterricht seiner jüngeren Geschwister übernahm. Im Jahre 1768 ward er Pfarrer in dem Dorfe Rohrborn bei Erfurt, wo er sich der vierzehnjährigen Tochter des Pfarrers Schnell zu Schloß-Vippach vermählte. Von seinem Gehalte, 80 Thaler, konnte er nicht mit Familie leben, umsomehr nicht, als er nach dem Tode seiner Schwiegereltern seine beiden Schwägerinnen zu sich ins Haus nahm. Er war deshalb gezwungen, nebenbei Ackerbau zu treiben, und er that dieses mit solcher Umsicht und solchem Erfolge, daß er den Dorfbewohnern auch in dieser Hinsicht ein Vorbild war.

1772 ward Salzmann Prediger in Erfurt. Wegen seiner freieren religiösen Ansichten ward er von seinen Amtsgenossen vielfach angefeindet, so daß er 1781 in das von Basedow 1774 gegründete Philanthropin zu Dessau als Religionslehrer und Liturg eintrat. Mit Eifer und Liebe widmete er sich dem Erziehungswesen, in dem er sich bald eingearbeitet hatte. Von Dessau aus machte er auch die Bekanntschaft des Volksmannes und Pädagogen Eberhard von Rochow, dessen Schule zu Rekahn ihn sehr befriedigte. Obgleich er in Dessau Mitleiter des Philanthropins war und mit gleichgesinnten Pädagogen nach philanthropischen Grundsätzen arbeitete, so fand er sich doch nicht ganz befriedigt. Er beschloß, selbst eine Erziehungsanstalt zu gründen, an die er folgende Anforderungen stellte: Dieselbe solle 1) auf dem Lande liegen, 2) von einem Oberhaupte einheitlich geleitet, und 3) die Zöglinge soviel als möglich als Familienglieder behandelt werden.

Salzmann kaufte deshalb in der Nähe von Waltershausen im Gothaischen ein Landgut, wozu ihm der Herzog Ernst II. von Gotha, ein Urenkel Ernst des Frommen, des Pädagogen unter den Fürsten, 4000 Thaler schenkte. Hier gründete er im März 1784 seine Erziehungsanstalt Schnepfenthal.

Schwere Sorgen suchten ihn oft, namentlich anfangs, heim; doch im Vertrauen auf Gottes Beistand begann er sein Werk. Die Anstalt war zwar da, aber keine Zöglinge. Salzmann entschloß sich nun, einen begabten Knaben unentgeltlich aufzunehmen. Die Wahl fiel auf Karl Ritter, den Sohn eines verstorbenen Arztes in Quedlinburg, der 1788 mit seinem ältesten Bruder und seinem bisherigen Erzieher Guts-Muths in die Anstalt eintrat. Karl Ritter war also der erste Schüler Schnepfenthals und ist auch ihr berühmtester geworden. Seine geographischen Werke sind weltbekannt; er ist der Vater der vergleichenden Erdbeschreibung. Später fanden sich noch mehrere Schüler ein, ja die Schnepfenthaler Anstalt ward bald eine der gesuchtesten Deutschlands. Zehn Jahre nach der Gründung, im Jahre 1794, zählte sie außer des Gründers zahlreicher Familie und einer ganzen Anzahl Lehrer gegen 60 Schüler, die sämtlich mit der größten Liebe zu ihrem Vater Salzmann aufblickten. Im Jahre 1803 zählte Salzmanns Anstalt 61 Zöglinge, welche Anzahl erst seit den napoleonischen Kriegen (1809) sank, weil von jetzt an der Geist Pestalozzis die allgemeine Aufmerksamkeit an sich fesselte, und die durch den Krieg bedingte Verarmung vieler Eltern das hohe Kostgeld nicht erschwingen konnte; in diesem Jahre hatte die Anstalt bloß 36 Zöglinge. Sie ist das einzige philanthropische Institut, das noch blüht, und das im Jahre 1884 die hundertjährige Jubelfeier seines Bestehens begehen konnte.

Tüchtige Lehrkräfte wirkten an der Salzmannschen Anstalt. Es seien genannt Guts-Muths, der Erzvater der Turnerei und Verfasser nachstehender Schriften: „Gymnastik für die Jugend", „Spiele zur Übung und Erholung des Körpers", „Turnbuch", „Handbuch der Geographie", „Methodik der Geographie"; Blasche, Verfasser der „Anleitung zu Papparbeiten" und anderer Schriften für den Handfertigkeitsunterricht; Glaz, später Konsistorialrat in Wien; Lenz, der später Vater des durch seine naturhistorischen Schriften bekannten Harald Otmar Lenz und Rektor des Weimarer Gymnasiums ward; André, Bechstein, die drei Brüder Ausfeld, Märker, Weißenborn. Märker, Lenz und Weißenborn wurden sogar Salzmanns Schwiegersöhne, was viel dazu beitrug, daß die Anstalt zu Schnepfenthal trotz ihrer Vergrößerung den Familiencharakter behielt.

Im Unterrichte wurden in Schnepfenthal im allgemeinen die bekannten philanthropischen Grundsätze durchführt. Die geistige Entwickelung des Kindes galt als oberster Grundsatz; in zweite Linie trat erst die materielle Aneignung gewisser Stoffgebiete. Das Ziel, das sich Salzmann bei der Erziehung der Jugend setzte, war nach seinen eigenen Worten: „Gesunde, verständige, gute und frohe Menschen zu bilden, sie dadurch in sich selbst glücklich zu machen und zu befähigen, zur Förderung des Wohles ihrer Mitmenschen kräftig mitzuwirken." Deshalb ward vor allen Dingen auf Weckung und Schärfung der eigenen Beobachtung in der umgebenden Natur, auf Bildung und Übung des Verstandes und somit auf die Selbständigkeit des Urteils abgesehen.

Fast dreißig Jahre wirkte Salzmann selbst an seiner Anstalt, die er als ein Vater leitete. Im Jahre 1809 nach langem Genusse ungestörter Gesundheit ward er von der Gicht befallen, welche die Kraft seines Lebens allmählich erschöpfte. Er starb am 31. Oktober 1811, nachdem ihm seine Gattin, mit der er vierzig Jahre in glücklicher und kinderreicher Ehe gelebt hatte, und die ihm eine treue Gehilfin seines Lebenswerkes gewesen, bereits 1810 vorangegangen war. Einer seiner Zeitgenossen widmete ihm bei seinem Hinscheiden folgende Worte: „Die Anstalt zu Schnepfenthal hat einen großen Verlust zu beklagen. Den sie verloren, halten wir für der Besten Einen, denn gleich sehr war er ausgezeichnet durch Eigenschaften des Geistes und des Herzens. Eindringend und scharf war sein Blick, ruhig und besonnen sein unermüdliches Wirken, schnell sein Entschluß und groß seine Selbstbeherrschung. Wohlthätigkeit und Milde hat er stets geübt, dabei aber nie der Eitelkeit und der Ruhmsucht Raum gegeben. Sein Auftreten war einfach, aber würdig; es kennzeichnete den Vater und Regierer eines großen Hauswesens. Die ihm Untergebenen leitete er durch Blicke und Worte; Strafen, um seine Autorität zu stützen, bedurfte er nie." Nach dem Willen des bescheidenen Mannes schmückt nur ein Fliederbusch sein Grab. Der Dichter Welker rief ihm nach:

> „Nicht eingeengt in dumpfumschlossnen Räumen,
> Nein frei, wie einst dich die Natur erzog,
> Schläfst du hier, Deutschlands edler Pädagog,
> Im grünen Hain bei deinen Lieblingsbäumen.
>
> Und was du früh gesehn in holden Träumen,
> Es war kein Wahn der schmeichelnd dich betrog;
> Denn als dein Geist dem Irdischen entflog,
> Stand's herrlich da mit Frucht und Blütenkeimen.
>
> Hier liegt dein Staub. — Doch lebt unsterblich fort,
> Was deine Kraft erschuf durch That und Wort.
> Wenn Marmormonumente längst zerfallen,
>
> Dein Denkmal blüht auf jenem Hügel dort,
> Wo Kinder wie zum Vaterhause wallen,
> Und segnend ruht dein Geist auf jenen Hallen!"

Neben seiner praktischen Thätigkeit als Erzieher war Salzmann auch als Schriftsteller für die Hebung der Volks- und Jugendbildung thätig. Seine schriftstellerische Thätigkeit war eine sehr umfassende. Er begann dieselbe schon kurz nach seiner Versetzung nach Erfurt. Hier lernte er als Seelsorger manches Elend in den Familien kennen, das er durch zwei Mittel zu steuern glaubte. Er sagt darüber: 1) müssen die Eltern über die Quelle ihres Elends belehrt werden; 2) müssen die Kinder eine bessere Erziehung erhalten. Er suchte dieses nun durch seine Schriften zu erreichen. Seine erste pädagogische Schrift war: „Unterhaltungen für Kinder und Kinderfreunde", in der er das wiedergab, was er in den Abendstunden mit seinen Kindern getrieben hatte. Ihr folgte 1780 das „Krebsbüchlein oder Anweisung zu unvernünftiger Erziehung der Kinder", eine ironische Anweisung, die Kinder schlecht zu erziehen, in der die vorhandenen Übelstände der Erziehung lächerlich gemacht werden. Grund zu den Anfeindungen von orthodoxer Seite gab das Buch: „Über die wirksamsten Mittel, den Kindern Religion beizubringen."

Während Salzmanns Aufenthalt am Dessauer Philanthropin entstanden: „Vorträge bei den Gottesverehrungen" 4 Bände, „Moralisches Elementarbuch" I. Teil, der pädagogische Roman: „Karl von Karlsberg oder über das menschliche Elend". Der sechste und letzte Band erschien erst 1788. Ferner: das erste Bändchen der „Reisen der Salzmannschen Zöglinge".

In Schnepfenthal schrieb Salzmann: „Konrad Kiefer oder Anweisung zu einer vernünftigen Erziehung der Kinder", in der uns die Erziehung eines Bauernsohnes durch seinen Vater unter Mitwirkung des Pfarrers geschildert wird. Die Schrift bildet ein Gegenstück zu Rousseaus „Emil", deshalb auch wohl „der deutsche Emil" genannt. Das bedeutendste pädagogische Werk Salzmanns ist aber unstreitig sein „Ameisenbüchlein", das zugleich die schönste Darstellung seiner Pädagogik enthält und die rechte Frucht seiner pädagogischen Arbeit und Erfahrung ist. Da dasselbe im Nachfolgenden selbst gebracht wird, so wird noch ausführlicher davon demnächst zu reden sein. Ferner schrieb Salzmann: „Noch etwas über Erziehung". In dieser Schrift führt er fünf Hauptmängel an, an welchen die Erziehung noch leide, und welche einer raschen Abstellung bedürften. Diese fünf Hauptmängel sind: a) Vernachlässigung der körperlichen Erziehung, b) daß man die Jugend zu wenig mit der Natur bekannt mache, c) daß der ganze Unterricht dahin abziele, die Aufmerksamkeit der Kinder von dem Gegenwärtigen abzuziehen und auf das Abwesende zu lenken, d) daß die Kinder beim Lernen mehr fremde als eigene Kräfte gebrauchen, e) daß die jugendliche Arbeit nicht unmittelbar belohnt werde. In Schnepfenthal entstanden ferner: „Über die heimlichen Sünden der Jugend", „Der Himmel auf Erden", „Reisen der Salzmannschen Zöglinge, neue Folge", „Die Familie Ehrenfried oder erster Unterricht in der Sittenlehre für Kinder von 8 bis 10 Jahren". Als Fortsetzung dazu erschien: „Heinrich Gottschalk in seiner Familie oder erster Religionsunterricht für Kinder von 10-12 Jahren", als weitere Fortsetzung: „Unterricht in der christlichen Religion". Weiter seien noch genannt: „Nachrichten für Kinder aus Schnepfenthal", „Über die Erlösung des Menschen vom Elend durch Jesum" und „Christliche Hauspostille" (67 Predigten). Als Volksschrift erschien 1791: „Auserlesene Gespräche des Boten aus Thüringen" (1886 neu herausgegeben vom städtischen Schulinspektor Dr. Fritz Jonas in Berlin, Verlag von L. Oehmigke ebenda). Von Salzmanns Volks- und Jugendschriften seien genannt: „Sebastian Kluge", „Konstants kuriose Lebensgeschichte", „Ernst Haberfeld", „Josef Schwarzmantel", „Heinrich Glaskopf". Von Salzmanns Jugendschriften heißt es in Schmids „Encyklopädie der Pädagogik": „Im Triumvirate der ersten Kinderbuchperiode (Weiße, Campe, Salzmann) ist Salzmann vielleicht der Schwächste, aber gewiß nicht der Schlechteste. Neben dem realistischen

Campe, dem civilisierenden Weiße steht er am bescheidensten, aber am reinsten da."

Basedow, der „Herold unter den Philanthropen", erkannte wohl die Schäden des Erziehungswesens, war auch durch Wort und That bemüht, sie zu bessern. Da aber seine Grundsätze viel Irriges und Unpraktisches enthielten, so vermochten sie einen dauernden Erfolg nicht auszuüben; dazu kam noch sein prahlerisches, aller Gewissenhaftigkeit, Umsicht und Besonnenheit bares Wesen, sodaß Herder über ihn äußerte: „Ihm möchte ich keine Kälber zu erziehen geben, geschweige Menschen." Campe dagegen wirkte hauptsächlich nur durch seine litterarische Thätigkeit auf die Erziehung ein. Fassen wir nun kurz Salzmanns Stellung unter den Philanthropen zusammen, so ist er der Praktiker unter ihnen, der die lebensfähigen Grundgedanken des Philanthropinismus festhielt, der die neuen Ideen am sichersten und am besonnensten durchführte in ruhiger und unverdrossener Arbeit. Dittes sagt von ihm: „Salzmann ist ohne Zweifel der bedeutendste Praktiker unter den Philanthropen, ausgezeichnet durch Besonnenheit, Mäßigung, Ausdauer, stille Heiterkeit und hausväterlichen Sinn." Von all den vielen Philanthropinen, die entstanden, ist die Anstalt zu Schnepfenthal das einzigste, das noch besteht. Schuldirektor Moritz Kleinert in Dresden widmete der Anstalt zu ihrer Jubelfeier 1884 folgendes Sonett:

> „Viel Ritter edlen Geistes seh' ich schreiten
> Durch ein Idyll, mit Namen Schnepfenthal,
> Den Geist voll Feuer, Körper wie von Stahl,
> Zu bessern die beschränkten, zopf'gen Zeiten,
>
> Die Unnatur hin zur Natur zu leiten
> In Freud' und Arbeit, Kleidung und im Mahl;
> Zu heben trocknen Lernens bittre Qual,
> Den ‚Himmel hier auf Erden' zu bereiten.
>
> So seh' ich Salzmann in dem Kreis der Seinen
> Ein Patriarch, geliebt und hochbewundert;
> Ich sehe Guts-Muths sich mit ihm vereinen;
>
> Es steht vor mir ein herrliches Jahrhundert,
> Das groß im Schaffen, nicht bloß im Verneinen,
> Und das auch uns zu gleichem Thun ermuntert."

Wie schon gesagt, ist das bedeutendste pädagogische Werk Salzmanns sein „Ameisenbüchlein", das deshalb auch in einer Sammlung von Schriften aus allen Zweigen der Litteratur und Wissenschaften, wie es „Reclams

Universal-Bibliothek" ist, nicht gut fehlen konnte, weshalb sich der Verleger, dieses erkennend, auch entschloß, dasselbe in seine Sammlung aufzunehmen und den Unterzeichneten mit der Herausgabe betraute.

Ihren Titel hat die Schrift von dem Titelblatte der Originalausgabe, auf dem sich nämlich das Bild eines Ameisenhaufens befand. Eine Anzahl Ameisen bemüht sich um Ameisenlarven, während eine andere Anzahl unbesorgt in der Luft umherfliegt. Die Ersteren sollen die Lehrer vorstellen, die sich der Erziehung und des Unterrichts der Kinder angenommen haben, die letzteren dagegen die Eltern, die, nachdem sie ihr Geschlecht fortgepflanzt, sich in die Luft schwingen und nach menschlicher Art und Weise sich nicht um ihre Brut bekümmern. Unter dem Bilde befindet sich das Wort: Spr. Sal. 6, 6: „Gehe hin zur Ameise, du Fauler, siehe ihre Weise an und lerne."

Möge jetzt eine kurze, übersichtliche Darstellung des Inhalts folgen.

A. Anrede an Hermann. Aufforderung an denselben, sich der Erziehung zu widmen und zwar aus folgenden Gründen:

a) Die Erziehung schafft die Gelegenheit, für Menschenwohl recht thätig sein zu können;

b) die gewissenhafte Ausübung der Erziehungskunst verschafft dir die Seligkeit, einst Männer, durch dich gebildete Männer, zu sehen, die mit Kraft und Nachdruck für alles Gute thätig sind;

c) das Erziehungsgeschäft ist nicht so mühsam, als es von denen, die es nicht verstanden haben, geschildert worden ist;

d) die Fröhlichkeit, welche ein wahrer Erzieher unter den Kleinen hervorzubringen vermag, hat einen wohlthätigen Einfluß auf denselben;

e) kein Geschäft ist belohnender als das Erziehungsgeschäft. Als Lohn wird dem Erzieher:

1) Frohsinn, Gesundheit und ein heiteres Alter,

2) eigene Veredelung,

3) materieller Gewinn.

B. Vorbericht über den Titel. In ihm setzt Salzmann auseinander, warum er:

a) diesen Titel gewählt und

b) dem Büchlein diesen Inhalt gegeben habe;

c) Entschuldigung über die etwas starke und schneidige Art des Vortrags.

C. Die Schrift selbst: 5 Teile:

I. Symbolum: „Von allen Fehlern und Untugenden seiner Zöglinge muß der Erzieher den Grund in sich selber suchen;" denn

a) vielen Lehrern fehlt das Lehrgeschick;

b) viele Erzieher und Lehrer lehren die Kinder die Fehler

1) durch schlechtes Beispiel,

2) durch falsche Behandlungsart,

3) durch den Mißbrauch des Zutrauens, das ihnen vom Kinde entgegengebracht wird,

4) durch Nichtbefriedigung des Thätigkeitstriebes;

c) viele Erzieher dichten ihren Zöglingen Fehler und Untugenden an, da sie nicht die kindliche Natur berücksichtigen.

d) oft nehmen die Erzieher eine willkürliche Regel an, nach der sie die Zöglinge richten wollen, und rechnen diesen jede Abweichung von derselben als Untugend an.

e) indem die Erzieher Eigenheiten ihrer Zöglinge zu den Fehlern und Untugenden rechnen, vergrößern sie dieselben.

II. Was ist Erziehung? Sie ist Entwickelung und Übung der jugendlichen Kräfte. In diesem Kapitel giebt Salzmann einen kurzen Abriß der Erziehung und der allmählichen Entwickelung der jugendlichen Kräfte.

III. Was muß ein Erzieher lernen?

a) Er muß sich und seine Zöglinge gesund zu erhalten suchen und zwar:

1) durch einfache Kost,

2) durch Abhärtung,

3) durch Bewegung.

b) Er muß die kindlichen Kräfte an sinnlichen Gegenständen üben und durch nützliche und unterhaltende Beschäftigungen für die Befriedigung des Thätigkeitstriebes (durch Handarbeiten) sorgen.

c) Er muß sich bemühen, mit Kindern umzugehen.

d) Er muß die Kinder zur Sittlichkeit gewöhnen, und zwar:

1) durch Wahrhaftigkeit,

2) durch Vorhalten von Vorbildern,

3) durch Ermahnung unter vier Augen,

4) dadurch, daß das Kind selbst das Gute einsieht und will.

IV. Plan zur Erziehung der Erzieher. Hier giebt Salzmann denjenigen, die sich dem Erziehungsgeschäfte widmen, eine Anweisung zur Selbsterziehung; seine Hauptregel ist: Erziehe dich selbst! 11 Regeln:

1) sei gesund;

2) sei immer heiter;

3) lerne mit Kindern sprechen und umgehen;

4) lerne mit Kindern dich beschäftigen;

5) bemühe dich, dir deutliche Kenntnisse der Erzeugnisse der Natur zu erwerben;

6) lerne die Erzeugnisse des menschlichen Fleißes kennen;

7) lerne deine Hände brauchen;

8) gewöhne dich mit deiner Zeit sparsam umzugehen;

9) suche mit einer Familie oder Erziehungsgesellschaft in Verbindung zu kommen, deren Kinder oder Pflegesöhne sich durch einen hohen Grad von Gesundheit auszeichnen;

suche dir eine Fertigkeit zu erwerben, die Kinder zur innigen
10) Überzeugung von ihren Pflichten zu bringen;

11) handle immer so, wie du wünschest, daß deine Zöglinge handeln sollen!

V. Schlußermahnung: Non ex quovis lignofit Mercurius. Prüfe dich, ob du die Gabe hast, auf Kinder zu wirken und sie zu lenken.

Salzmanns Ameisenbüchlein verdient auch noch jetzt trotz der vielen pädagogischen Schriften, die alljährlich auf den Büchermarkt gelangen, gelesen und studiert zu werden. Ist heutzutage auch das meiste von dem, was es giebt, wenigstens theoretisch allgemein anerkannt, so ist der Inhalt des Buches noch nicht als veraltet zu betrachten. Moller sagt in Schmids Encyklopädie des gesamten Erziehungs- und Unterrichtswesens: „Es giebt in der neueren pädagogischen Litteratur vielleicht kein Werk, das die Pflicht des Erziehers, sich selbst zu vervollkommnen und den Grund jedes Mißerfolgs vor allem in sich selbst zu suchen, so eindringlich mit mildem Ernst und erfahrungsreicher Weisheit ans Herz gelegt hätte, wie das Ameisenbüchlein." Ist nun auch diese Salzmannsche Schrift besonders für Erzieher von Fach und für diejenigen geschrieben, die es werden wollen, so finden doch auch die Eltern manchen beherzigenswerten Wink in demselben. Klarheit und Wahrheit, Frische und Natürlichkeit spricht sich auf jeder Seite dieser Schrift aus, so daß ihre Lektüre auch jetzt noch reichen Genuß bietet. Möge deshalb auch die von mir veranstaltete Ausgabe freundliche Aufnahme bei Deutschlands Lehrern und in deutschen Familien finden.

Das „Ameisenbüchlein" erschien im Jahre 1806 in Schnepfenthal in der Buchhandlung der Erziehungsanstalt. Veranlaßt dazu ward Salzmann durch den Mangel an Anweisungen zur Erziehung der Erzieher, während an Büchern, die Anweisungen zur Erziehung der Kinder enthalten, Überfluß war. Salzmann schreibt: „Was helfen aber diese, wenn jene nicht da sind? Wozu nützen alle Theorien, wenn die Leute fehlen, die sie ausführen können? Statt darauf zu denken, das Wahre und Gute, was wir von der Erziehung bereits wissen, in Ausübung zu bringen, fährt man fort, neue Theorien aufzustellen, denen, so gut wie jenen, die Ausführung fehlen wird. Wir gleichen theoretischen Baumeistern, die die Ideale zu den vollkommensten Gebäuden mit der Reißfeder entwerfen können, die aber immer nur Risse bleiben, mit denen man etwa die Wände bekleiden kann, da ihren Verfertigern die Geschicklichkeit fehlt, das Entworfene zur Wirklichkeit zu bringen."

Dem nachfolgenden Abdrucke ward die Originalausgabe von 1806 zu Grunde gelegt. Diese erschien doppelt, nämlich in einer auf besserem Papier, in größerem Drucke und mit dem oben erwähnten Bilde auf dem Titelblatte hergestellten Ausgabe und in einer „wohlfeilen Ausgabe" ohne Titelbild. Hinderlich waren der Verbreitung der Schrift die bald nach ihrem Erscheinen in Deutschland auftretenden Kriegsunruhen, die auch auf die Schnepfenthaler Anstalt nachteilig wirkten. Ein Nachdruck des „Ameisenbüchleins" erschien 1807 in der J.J. Mäckenschen Buchhandlung in Reutlingen. Wieder abgedruckt ward es in der 1845 von der Hoffmannschen Verlagsbuchhandlung in Stuttgart verlegten und zum hundertjährigen Geburtstage Salzmanns von dessen Familie veranstalteten Ausgabe seiner Volks- und Jugendschriften. Benutzt sind von mir auch, soweit es meinen Zwecken entsprach, die Ausgabe der Salzmannschen Schriften von Karl Richter, sowie diejenige von Richard Bosse und Johs. Meyer.

Hannover, am Todestage Salzmanns, den 31. Oktober 1887.

Ernst Schreck.

Ameisenbüchlein.

An Hermann!

So nenne ich dich, lieber junger Mann, der du in deiner Brust ein Streben fühlst, durch Thätigkeit für Menschenwohl dich in der Welt auszuzeichnen.

Gieb mir die Hand! Wenn du nicht vorzügliche Talente und entschiedene Neigung zu einem andern Geschäfte in dir fühlst — so widme dich der Erziehung!

Diese schafft dir Gelegenheit, für Menschenwohl recht thätig zu sein. Wer Moräste austrocknet, Heerstraßen anlegt, Tausenden Gelegenheit verschafft, sich ihre Bedürfnisse zu verschaffen, Gärten pflanzt, Krankenhäuser stiftet, wirkt auch für Menschenwohl, aber nicht so unmittelbar und durchgreifend als der Erzieher. Jener verbessert den Zustand der Menschen, dieser veredelt den Menschen selbst. Und ist der Mensch erst veredelt, so geht aus ihm die Verbesserung von selbst hervor, und der Zögling, dessen Veredelung dir gelungen ist, hat Anlage, auf dem Platze, wohin ihn die Vorsehung stellt, den Zustand von tausenden seiner Brüder angenehmer und behaglicher zu machen.

In keiner Klasse von Menschen findest du so viel Empfänglichkeit für alles Gute, als bei Kindern. Ihr Herz ist die wahre Jungfernerde, in welcher jedes Samenkorn schnell Wurzel schlägt und emporwächst; es ist ein Wachs, das sich willig in jede Form schmiegt, in die du es drückst. Das Herz der Erwachsenen gleicht einem Lande, das schon mit Gewächsen besetzt ist, die darin tiefe Wurzeln schlugen, und die erst mit vieler, oft vergeblicher Mühe ausgerottet werden müssen, wenn der Same, den du in dasselbe werfen willst, gedeihen soll; einem Marmor, der mit großer Behutsamkeit bearbeitet sein will, und in dem man, nach langer mühseliger Arbeit, oft auf eine Ader stößt, die alle fernere Arbeit zwecklos macht. Wenn du die Erziehungskunst wirklich gründlich erlernst und mit Gewissenhaftigkeit ausübest, so verschaffst du dir gewiß die Seligkeit, einst Männer, durch dich gebildete Männer, zu sehen, die mit Kraft und Nachdruck für alles Gute thätig sind.

Wende mir nicht ein, das Erziehungsgeschäft wäre so mühsam. Wo ist denn ein gemeinnütziges Geschäft, das nicht mühsam wäre? Und wenn es ein solches, wie z. B. das Zerlegen einer Pastete, gäbe, wolltest du dich wohl demselben widmen? Aber glaube mir, das Erziehungsgeschäft ist nicht so mühsam, als du denkst. Erzieher, die die Erziehung nicht verstanden, haben es in einen übeln Ruf gebracht. Merke nur auf die Winke, die dir in diesem Buche gegeben werden, und befolge sie, so wirst du bei der Erziehung zwar Mühe, aber fast immer solche finden, die durch einen baldigen glücklichen Erfolg belohnt wird, und deswegen kaum den Namen der Mühe verdient. Und diese kleine Mühe — durch wie mannigfalte Freude wird sie versüßt werden! Sieh', was für ein harmloses, fröhliches Völklein die Leutchen sind, in deren Kreise der Erzieher wirkt! Wird, wenn du ein wirklicher Erzieher wirst und dich zu ihnen herabstimmen lernst, ihre beständige Fröhlichkeit nicht einen wohlthätigen Einfluß auf dich haben?

Die Erfahrung lehrt, daß Männer, die in der jugendlichen Atmosphäre leben und weben, gemeiniglich alt werden, unterdessen daß von denjenigen ihrer Jugendfreunde, die in dem Dunstkreise der Erwachsenen arbeiteten, einer nach dem andern dahin welkt.

Man hat diese unleugbare Erscheinung oft den jugendlichen Ausdünstungen zugeschrieben, die solche Männer einatmen, und damit ihre zähwerdende Blutmasse verdünnen. Ob es wahr sei, kann ich nicht entscheiden, da mir hierzu die nötigen ärztlichen Kenntnisse fehlen.[1] Sicher trägt aber die beständige Munterkeit und Fröhlichkeit der Jugend das ihrige dazu bei, wenn man ihr nur nicht durch Eigensinn und üble Laune entgegenarbeitet. Will man sich in den Lehnstuhl setzen, um des Marasmus Ankunft ruhig abzuwarten, so kommt ein munterer Knabe gehüpft, bittet, einen seiner jugendlichen Wünsche zu befriedigen, und reizt uns, den Lehnstuhl zu verlassen. Dort beginnen einige frohe Knaben ein munteres Spiel, das auch uns zum Frohsinn stimmt. Nun ruft uns die Glocke in das Lehrzimmer, wo man, soll anders der Unterricht einen guten Erfolg haben, der üblen Laune entsagen und zum Frohsinn sich stimmen muß. So verjüngt der Erzieher, der seiner Bestimmung gemäß lebt, sich täglich, und hält das Alter mit seinen mannigfaltigen Beschwerden von sich entfernt.

Die Erziehung, denkst du vielleicht, wird aber so schlecht belohnt.

Das glaubst du wirklich? Mir deucht, kein Geschäft ist belohnender als dieses. Sind denn Frohsinn, Gesundheit und ein heiteres Alter, die gewöhnlich dem wahren Erzieher zu teil werden, eine Kleinigkeit?

Nächstdem kann er noch auf eine andere Belohnung rechnen, dies ist — die eigene Veredelung. Der Erzieher, der sein Geschäft nicht als Broterwerb treibt, den die Veredelung seiner Pflegebefohlenen Hauptzweck ist, muß schlechterdings ein guter, edler Mensch werden. Wie? er sollte stets die Pflicht mit Wärme empfehlen können, ohne über dieselbe täglich nachzudenken und ihren Wert zu fühlen? ohne sich selbst als Muster der Pflichterfüllung darzustellen? Er sollte unter jungen Leuten leben können, deren scharfes Auge jeden Fehler bemerkt, deren Freimütigkeit jeden Fehler bemerkbar macht, ohne dieselben abzulegen? Das so wahre Sprichwort: docendo discimus ist auch in moralischer Hinsicht wahr. Wenn wir uns ernstlich bestreben, unsere Pflegebefohlenen zu veredeln, werden wir selbst veredelt.

Und nun, mein guter Hermann! wenn du bei dem Erziehungsgeschäfte gesund und froh wirst, wenn dabei dein innerer Mensch gedeihet und immer mehr edlen Sinn bekommt, bist du nicht belohnt genug? Gesetzt, du müßtest deine Tage in niedriger Dürftigkeit verleben, bist du nicht belohnt genug? Oder, wolltest du wohl dies alles dahin geben, um eine glänzende Rolle zu spielen? wolltest lieber an einer reichlich besetzten Tafel krank, als bei einer einfachen Mahlzeit mit gutem Appetite sitzen? wolltest lieber Jubel um dich und in dir Gram, als in dir Frohsinn und um dich Stille haben? wolltest lieber einen Schwarm feiler Seelen befehlen, als dich selbst beherrschen? Nun, so triff den Tausch, aber — mein Hermann bist du nicht — dir ist dies Buch nicht geweihet.

An dich wende ich mich, der du den Wert dieser großen Belohnung fühlen kannst. Erlangtest du auch keine als diese, so wirst du jede andere entbehren können.

Aber gewiß, wenn du dich bestrebst, kein mittelmäßiger, sondern ein ausgezeichneter Erzieher zu werden, wird dir auch andere Belohnung nicht fehlen. Die Zeiten sind vorbei, da das Erziehungsgeschäft verächtlich war. Die Familien werden immer zahlreicher, denen ein guter Erzieher das höchste Bedürfnis ist, die sich denselben um jeden Preis zu verschaffen suchen; die ihn nicht als ersten Bedienten, sondern als ersten Freund des Hauses betrachten. Fürstenfamilien sehen sich nach dem Manne um, dessen Leitung sie ihre Kinder mit vollem Zutrauen übergeben können. — Und du wolltest nicht Erzieher werden?

Vorbericht.

Als ich mich bei Ausfertigung des Krebsbüchleins[2] in das Kerbtierfach warf, war meine Meinung, eine Reihe von Schriften auszuarbeiten, die ihren Namen von Kerbtieren haben sollten. Allein die Geschäfte, in die ich von diesem Zeitpunkte an verwickelt wurde, hielten mich immer davon ab, und nun läßt mir das herannahende Alter wenig Hoffnung übrig, meinen Vorsatz ausführen zu können. Das Skorpionbüchlein, oder Anweisung zu einer unvernünftigen Regierung der Völker, sowie das Spinnenbüchlein, oder Anweisung zu unvernünftiger Führung der Ehe, wird also nicht zur Wirklichkeit kommen. Das Ameisenbüchlein oder die Anweisung zu einer vernünftigen Erziehung der Erzieher erscheint aber hier.

Wozu der sonderbare Titel? wird man fragen. Erstlich dazu, daß dadurch Leser herbeigelockt werden. Der Inhalt dieses Buches scheint mir so wichtig, daß ich wünsche, es möchte von allen, die erziehen oder erziehen lassen, gelesen und beherzigt werden. Gleichwohl ist zu besorgen, daß es unter der Flut von Schriften, mit welchen Deutschland in jeder Messe überschwemmt wird, nicht möchte bemerkt werden, wenn es nicht eine Auszeichnung bekommt, die in die Augen fällt, und es unter den tausenden, von welchen es umgeben ist, bemerkbar macht. Was ist hierzu aber wohl schicklicher als der Titel? Ein anderer würde dazu vielleicht einen griechischen oder französischen Namen, oder den Namen einer Gottheit oder eines Weisen des Altertums gewählt haben; mir aber gefiel der Titel: Ameisenbüchlein.

Zweitens wählte ich gerade diesen Titel, weil das Krebsbüchlein so gut ist aufgenommen worden, daß es noch nach 24 Jahren gelesen und hier und da empfohlen wird, und ich daher hoffen durfte, daß die Ähnlichkeit des Namens diesem Buche einen ähnlichen Beifall im Publikum verschaffen würde.

Endlich liegt auch wirklich ein Grund zu der Wahl dieses Titels im Ameisenhaufen selbst. Die Eltern der Ameisen, nachdem sie ihr Geschlecht fortgepflanzt haben, schwingen sich in die Luft, und sind, nach menschlicher Art und Weise, um ihre Brut unbekümmert, deren Pflege und Erziehung sie jenen Ameisen überlassen, die durch die Natur zu einem niederen Wirkungskreise bestimmt sind. Diese nun besorgen ihr Geschäft auch recht gut; sie bringen die junge Brut täglich an die Sonne, laufen herbei und suchen sie zu retten bei jeder Gefahr, von welcher sie bedroht wird[3] — und der Erfolg bürgt für die Güte der Erziehung, da jeder Ameisenhaufen der Wohnsitz der Gesundheit, Reinlichkeit, Thätigkeit und Folgsamkeit ist, die in vielen menschlichen Gesellschaften vermißt werden, zu welchen man aber die jungen Ameisen gleich nach ihrem Entstehen gewöhnt. So wie also

Salomo den Faulen zum Ameisenhaufen verweist, könnte man auch in anderer Rücksicht den Erzieher auf denselben aufmerksam machen.

So viel vom Titel! Was den Inhalt betrifft, so scheint er mir von großer Wichtigkeit zu sein. Wir haben einen Überfluß von Büchern, die Anweisung zur Erziehung der Kinder enthalten, aber an Anweisungen zur Erziehung der Erzieher scheint mir noch Mangel zu sein. Was helfen aber jene, wenn diese nicht da sind? Wozu nützen alle Theorien, wenn die Leute fehlen, die sie ausführen können? Die Revision des Schul- und Erziehungswesens[4] stellt gute Theorien auf, wo sind sie aber ausgeführt worden? Statt darauf zu denken, das Wahre und Gute, was wir von der Erziehung bereits wissen, in Ausführung zu bringen, fährt man fort, neue Theorien aufzustellen, denen, so gut wie jenen, die Ausführung fehlen wird. Wir gleichen theoretischen Baumeistern, die die Ideale zu den vollkommensten Gebäuden mit der Reißfeder entwerfen können, die aber immer nur Risse bleiben, mit denen man etwa die Wände bekleiden kann, da ihren Verfertigern die Geschicklichkeit fehlt, das Entworfene zur Wirklichkeit zu bringen.

Ach, gebt uns gute Erzieher! gebt uns Leute, die die Neigung, Geschicklichkeit und Fertigkeit haben, Kinder vernünftig zu behandeln, sich die Liebe und das Zutrauen derselben zu erwerben, die Kräfte zu wecken, ihre Neigungen zu lenken, und durch ihre Lehre und ihr Beispiel die jungen Menschen zu dem zu machen, was sie, ihren Anlagen und ihrer Bestimmung nach, sein können und sein sollen, und die Erziehung wird gelingen, ohne daß wir neue Theorien nötig haben. So geht aus der Dorfschule manches verständigen, rechtschaffenen und treuen Schulmeisters, der nie etwas von reiner Pflicht hörte[5], noch neue Theorien über den Unterricht im Lesen studierte, nach und nach eine Gemeinde hervor, die durch ihre Rechtschaffenheit, helle Einsichten, Ordnung, Thätigkeit und Lesefertigkeit sich im ganzen Umkreise zu ihrem Vorteile auszeichnet, und alle hinter sich zurückläßt, die nach den neuesten Theorien von Männern erzogen wurden, die nicht zu erziehen verstanden.

Was ist z. E. vernünftiger, als die Forderungen der Erzieher, die Kinder mehr durch Vorstellungen, als durch Belohnungen und Strafen zu lenken? Allein zu dem Lenken der Kinder durch Vorstellungen gehört eine ganz eigene Geschicklichkeit. Derjenige, dem sie fehlt, kann den Kindern sehr viel Vernünftiges und Gutes sagen, das sich recht gut lesen läßt, und wird damit doch nichts ausrichten, unterdessen daß ein anderer, der die Erziehung versteht, mit weit weniger Worten zu seinem Zwecke kommt.

Es ist unter den Erziehern allgemein angenommen worden, daß zur Erziehung auch eine gewisse Abhärtung des Körpers gehöre; wenn der Erzieher aber selbst weichlich ist, wie will er andere abhärten? u. s. w.

Was die Art meines Vortrags betrifft, so wird man manches daran auszusetzen finden, das aber doch wegen meiner Eigenheit verdient entschuldigt zu werden. Bisweilen werde ich etwas stark und entscheidend sprechen, und fordern, daß dies und jenes so und nicht anders sein müsse. Dies ist eine Folge von der Lebhaftigkeit meiner Überzeugung. Ich bin kein Jüngling mehr, der sich mit Idealen beschäftigt, von denen er noch zweifelhaft ist, ob sie außer seinem Gehirne gedeihen werden; ich habe einige und zwanzig Jahre selbst erzogen, die Eigenheiten der Kinder in mancherlei Verhältnissen kennen gelernt, manchen Versuch mit ihnen gemacht, der mir mißlang, und andere, von denen ich die gesegnetsten Wirkungen verspürte. Was ich also weiß, das weiß ich aus vieljähriger Erfahrung; ist es mir daher zu verdenken, wenn ich davon mit eben der Zuversicht spreche, mit welcher ein alter Arzt die Heilart einer gewissen Krankheit, deren Güte ihm eine vieljährige Erfahrung bestätigte, zu empfehlen pflegt?

Auch werde ich wenig oder gar nicht dessen Erwähnung thun, was andere Erzieher geleistet haben. Dies rührt keineswegs von der Geringschätzung anderer her, sondern ist bloß eine Folge meiner Eigenheit. Ich habe wenig gelesen, desto mehr gedacht, beobachtet und gehandelt. Will man dies als Unvollkommenheit ansehen, so mag man es; so viel ist aber doch gewiß, daß es einem Manne, der die Arbeiten anderer nicht hinlänglich kennt, nicht geziemt, darüber zu urteilen.

Besonders auffallend wird man es finden, daß ich der Pestalozzischen Lehrart, die die Augen von Europa auf sich gezogen hat, nicht oft Erwähnung thue.

Es geschieht dies aus eben diesem Grunde. So viel ich in einem flüchtigen Blicke von der Lehrart dieses verdienten Mannes gefaßt habe, scheint es mir, als wenn wir in der Hauptsache mit einander übereinstimmten, und nur im Ausdrucke voneinander verschieden wären. Manches aber, das mir bei ihm neu war, habe ich angenommen und benutze es mit Dank.

Dahin gehören seine Linearzeichnungen, die Übungen des Gedächtnisses, die Rechnungsmethode und das laute Aussprechen von mehreren Schülern zugleich.

Möge dies kleine Buch den Zweck, zu welchem es aufgesetzt wurde, ganz erreichen! Mögen viele deutsche Jünglinge dadurch für das wichtige, wohlthätige Geschäft der Erziehung gewonnen, mögen sie dadurch auf den einzig wahren Weg, den die Natur uns vorzeichnet, geleitet, möge dadurch das Vorurteil zerstört werden, als wenn die Erziehung eine lästige Arbeit und das Gelingen derselben äußerst zweifelhaft sei, damit unsere Nation den Ruhm, den sie sich durch ihre Erziehungskunst im Auslande erwarb, noch ferner behaupte und begründe.

Schnepfenthal, im Oktober 1805.

C.G. Salzmann.

Symbolum.

Denen, die sich entschließen, das Christentum anzunehmen, wird gewöhnlich bei Einweihung zu demselben eine Formel vorgelegt, zu deren Annahme sie sich bekennen müssen, die man Symbolum nennt. Damit ist nun freilich großer Mißbrauch getrieben worden, und manches Symbolum scheint mehr in der Absicht gegeben zu sein, um Haß gegen Andersdenkende, als Anhänglichkeit an die Partei, mit welcher man sich vereinigen will, einzuflößen. An sich ist diese Gewohnheit aber doch gut und nötig. Jede Gesellschaft muß doch einen gewissen Zweck haben, zu welchem sie sich vereinigt, und gewisse Grundsätze, durch deren Befolgung sie den vorgesetzten Zweck erreichen will; diese können in eine kurze Formel verfaßt, und die Annahme derselben von denen verlangt werden, die mit der Gesellschaft sich verbinden wollen.

Ich lade jetzt deutsche Jünglinge ein, sich dem wichtigen Geschäft der Erziehung zu weihen. Man wird es also nicht sonderbar finden, wenn ich ihnen auch eine Formel zur Annehmung als Symbolum vorlege. Ein jeder, der Neigung hat, in die Gesellschaft der Erzieher zu treten, beherzige sie und prüfe sich selbst, ob er wohl von ganzem Herzen sie glauben und annehmen könne. Wer dies nicht kann, wer darin Widerspruch findet, der lasse mein Buch lieber ungelesen, weil er unfähig ist, das Erziehungsgeschäft mit Vergnügen, mit Eifer und Wirksamkeit zu betreiben.

Mein Symbolum ist kurz und lautet folgendermaßen: Von allen Fehlern und Untugenden seiner Zöglinge muß der Erzieher den Grund in sich selbst suchen.[6]

Dies ist eine harte Rede, werden viele denken; sie ist aber wirklich nicht so hart, als sie es bei dem ersten Anblicke scheint. Man verstehe sie nur recht, so wird die scheinbare Härte sich bald verlieren.

Meine Meinung ist gar nicht, als wenn der Grund von allen Fehlern und Untugenden seiner Zöglinge in dem Erzieher wirklich läge; sondern ich will nur, daß er ihn in sich suchen soll.

Sobald er Kraft und Unparteilichkeit genug fühlt, dieses zu thun, ist er auf dem Wege, ein guter Erzieher zu werden.

Es liegt freilich in der Natur des Menschen, den Grund von allen Unannehmlichkeiten, ja von seinen eigenen Fehltritten außer sich zu suchen; man findet Spuren davon schon in der Geschichte des ersten Sündenfalls; es ist also kein Wunder, wenn auch der Erzieher geneigt ist, die Schuld von der Unfolgsamkeit, Ungeschicklichkeit und dem Mangel an Fortschritten seiner Zöglinge lieber diesen, als sich selbst beizumessen; allein diese Neigung gehört zu denen, die durch die Vernunft nicht nur geleitet, sondern, wie Neid und Schadenfreude unterdrückt werden müssen.

Ich setze es als bekannt voraus, daß der Grund von den Fehlern der Zöglinge wirklich oft in den Erziehern liege. Wäre dies nicht, müßte man die Ursache derselben schlechterdings allemal den Kindern oder der Lage zuschreiben, in welcher sich die Erzieher befinden, so wäre es freilich eine ungerechte und thörichte Forderung, dem Erzieher zuzumuten, sie in sich selbst zu suchen. Welcher vernünftige Erzieher wird dies aber wohl glauben?

Bist du nun überzeugt, daß der Grund von den Fehlern der Zöglinge wirklich oft in den Erziehern liege, so wünsche ich, dir es glaublich zu machen, daß dies auch bei dir oft der Fall sei, der du es liesest.

Hast du nicht vielleicht bemerkt, daß die Zöglinge, die gegen dich unfolgsam sind, anderen willig gehorchen? oder daß die nämlichen Zöglinge, die bei deinem Vortrage flatterhaft sind und nichts lernen, wenn sie in die Lehrstunden anderer kommen, Aufmerksamkeit zeigen und gute Fortschritte machen?

Solltest du diese Bemerkung wirklich gemacht haben, so täusche dich nicht, sei aufrichtig gegen dich selbst, und gestehe dir ein, daß du selbst an dem schuld sein kannst, was du an deinen Zöglingen tadelst. Sage nicht, ich bin mir doch bewußt, daß ich meine Pflichten redlich erfülle. Dies kann wohl sein, aber vielleicht verstehst du noch nicht recht, die Kinder zu behandeln.

Vielleicht hast du in deinem Betragen etwas Zurückstoßendes, das die Kinder mißtrauisch und abgeneigt macht. Vielleicht fehlt dir die Lehrgabe. Du bist zu schläfrig, oder dein Vortrag ist zu trocken und zu abstrakt. Hast du ferner nicht wahrgenommen, daß die nämlichen Zöglinge, die zu gewissen Zeiten auf deinen Vortrag merken und deine Winke befolgen, zu anderen Zeiten flatterhaft und unfolgsam sind? Kann dich dies nicht auch belehren, daß der Grund von ihren Fehlern in dir zu suchen sei?

Ich begreife nicht, antwortest du, wie dies daraus folge. Bin ich nicht der nämliche, der ich gestern war? Wenn meine Zöglinge nun nicht die nämlichen mehr sind, muß der Grund von diesen Veränderungen nicht in ihnen liegen?

Es kann sein. Ehe du dies aber annimmst, so untersuche nur erst, ob du wirklich noch der nämliche seiest, der du gestern warest. Gar oft wirst du finden, daß du ein ganz anderer Mann geworden bist. Vielleicht leidest du an Unverdaulichkeit, oder hast dir durch Erkältung den Schnupfen zugezogen, oder ein unangenehmer Vorfall hat deine Seele verstimmt, oder du hast etwas gelesen, was dich noch beschäftigt und hindert, deine ganze Aufmerksamkeit auf dein Geschäft zu wenden u. s. w. Ein einziger von diesen Zufällen kann dich zu einem ganz andern Manne gemacht haben. Gestern tratest du mit heiterer Seele und feurigem Blicke unter deine Kleinen; dein Vortrag war lebhaft, mit Scherz gewürzt, deine Erinnerungen waren sanft und liebevoll, die Lebhaftigkeit deiner Zöglinge machte dir Freude. Und heute? Ach, du bist der Mann nicht mehr, der du gestern warst. Deine Seele ist trübe, dein Blick finster und zurückstoßend, deine Erinnerungen sind herbe, jeder jugendliche Mutwille reizt dich zum Zorne. Hast du dies nicht zuweilen an dir wahrgenommen? Nun so sei aufrichtig und gestehe dir, daß der Grund, warum deine Zöglinge heute nicht so gut sind, als sie gestern waren, in dir liege.

Ich erwarte noch vielerlei Einwendungen gegen mein Symbolum, davon ich einige anführen und beantworten will. Derjenige, dem diese Beantwortungen genügen, wird sich leicht die übrigen Einwendungen selbst widerlegen können; wer sich aber dabei nicht beruhigen kann, bei dem werde ich auch nichts ausrichten, wenn ich alle möglichen Einwendungen anführen und widerlegen wollte. Er ist ein durch die Eigenliebe geblendeter Mensch, der schlechterdings nicht Unrecht haben will, der eher alle seine Zöglinge für Dummköpfe und Bösewichte erklärt, als daß er an seine Brust schlüge und sich eingestünde, daß er gefehlt habe; er ist — zur Erziehung unfähig.

Lasset uns also die Einwendungen hören!

Mein Zögling hat alle die Fehler, über die ich Klage führe, gehabt, ehe ich ihn bekam, wie kann ich denn die Schuld davon mir beimessen?

Zugestanden, daß dein Zögling diese Fehler hatte, ehe du ihn bekamest. Warum hat er sie noch? Ist nicht die Abgewöhnung von Fehlern ein Hauptstück der Erziehung? Wenn diese nun nicht erfolgt, ist es denn nicht wenigstens möglich, daß der Grund davon in dir liege?

Du bekamst z. E. deinen Zögling als ein schwächliches Kind, mit dem wenig anzufangen war, warum ist er denn noch nicht stärker? Hast du nicht von schwächlichen Kindern gehört, die durch eine vernünftige Behandlung gestärkt wurden? Kennst du die Mittel, schwächliche Kinder zu stärken? Hast du davon Gebrauch gemacht? Dein Zögling ist zuvor verzogen worden — er ist eigensinnig, widerspenstig, lügenhaft; warum ist er dies aber noch, nachdem er so lange unter deiner Leitung war? Hast du ihn auch die Folgen seines Eigensinns fühlen lassen, um ihn dadurch zum Nachdenken zu bringen? Hast du es ihm gehörig fühlbar gemacht, daß du ein Mann, er ein Kind ist, daß du ihm an Kraft, Erfahrungen und Einsichten überlegen bist, und ihn so zur Überzeugung zu bringen gesucht, daß er von dir abhänge und deine Vorschriften befolgen müsse? Hast du dir auch immer die gehörige Mühe gegeben, zu untersuchen, ob das, was er dir sagte, wahr sei, und ihn durch Aufdeckung seiner Lügen zu beschämen? Du erzählst, wie du deine Zöglinge behandelst, welche Ermahnungen du ihnen giebst, durch welche

Vorstellungen du sie zu leiten suchst, und klagst, daß du mit alle dem doch nichts ausrichtetest.

Dies kann wohl sein; es kann auch sein, daß ich an der Vorstellung deiner Behandlungsart gar nichts auszusetzen finde; sollte ich dich aber handeln sehen, so würde ich vielleicht doch bemerken, daß die Ursache von dem schlechten Erfolge deiner Bemühungen in dir liege.

Es ist nicht genug, daß man etwas Gutes sagt und vernünftig handelt, sondern es kommt auch noch darauf an, wie man spricht, und wie man handelt. Wer Ohren hat zu hören, der höre!

Der Ton, in dem man mit jungen Leuten spricht, ist von großer Wichtigkeit. Sie sind geneigt, mehr durch das Gefühl, als durch die Vernunft sich leiten zu lassen. Wer also den rechten Ton treffen kann, der der jugendlichen Natur am angemessensten ist, und auf sie den meisten Eindruck macht, der richtet bei ihr mit wenigen Worten weit mehr aus, als ein anderer, der sich nicht in den rechten Ton stimmen kann, mit einer langen Rede.

So ist der Ton, in welchem manche Erzieher mit ihren Zöglingen, zumal wenn diese von vornehmer Herkunft sind, sprechen, zu schüchtern, zu blöde, es fehlt ihnen das Durchgreifende. So wie nun das Roß an dem Beben der Schenkel seines Reiters bald die Furchtsamkeit desselben merkt und ihm den Gehorsam versagt, so fühlen junge Leute an dem schüchternen Tone, in welchem der Erzieher mit ihnen spricht, bald, daß er ihnen nicht gewachsen sei, und achten nicht viel auf ihn.

Bei anderen Erziehern ist der Ton, in welchem sie reden, zu trocken, zu einförmig. Wenn man sie höret, so sollte man glauben, sie läsen ihre Ermahnungen aus einem Buche ab.

Solche Ermahnungen fruchten auch nichts. Man kann von Kindern nicht erwarten, daß sie auf einen zusammenhängenden Vortrag viel merken, den Sinn desselben fassen und darüber nachdenken sollen. Der Ton, die Mienen, der ganze Anstand des Redners muß ihnen den Inhalt der Rede begreiflich machen, sonst wirkt sie wenig.

Ich gehe hin und weine — sagt ein gewisser Prediger lächelnd am Schlusse der Trauerrede, die er am Grabe seines Amtsbruders hielt. Und — niemand ließ eine Thräne fallen. Lag die Schuld davon vielleicht an der Hartherzigkeit der Zuhörer? Nicht doch — sie lag an der lächelnden Miene, mit welcher der Redner sagte: Ich gehe hin und weine. Hätte er mit einer weinerlichen Miene geschlossen und dazu das Schnupftuch vor die Augen gehalten, so würde er mehr ausgerichtet haben, wenn er auch gar nichts dazu gesagt hätte.

Endlich ist der Ton mancher Erzieher zu gebieterisch. Mit stolzen Blicken sehen sie auf ihre Pflegesöhne herab, wie ein adelstolzer Offizier auf seine

Compagnie, und jede Ermahnung, jede Erinnerung hat die Form eines despotischen Befehls. Was wird die Wirkung davon sein? Abneigung und Widerspenstigkeit. Der zur Freiheit bestimmte Mensch fühlt eine natürliche Abneigung gegen jede harte, willkürliche Behandlung, und man kann es ihm nicht zur Last legen, wenn er sie gegen seinen despotischen Erzieher äußert.

Nun sollte ich noch von dem Korporalstone sprechen, den manche Erzieher sich angewöhnt haben, die ihren Ermahnungen und Vorschriften durch Rippenstöße und Stockschläge Nachdruck zu geben suchen. Da aber dagegen schon so viel gesagt worden, und die Unschicklichkeit desselben allgemein anerkannt ist, so halte ich es für überflüssig, davon weiter Erwähnung zu thun. Unterdessen rate ich jedem jungen Manne, der die Jugend nicht anders als mit Rippenstößen und Schlägen zu lenken weiß, daß er der Erziehung gänzlich entsage, weil er dabei doch nicht froh werden und nichts Gutes wirken wird. Er bemühe sich, eine Korporalstelle oder die Stelle eines Zuchtmeisters zu erhalten, da wird er auf seinem Platze sein.

Das bisher Gesagte wird hinreichend beweisen, daß viele Erzieher sich deswegen die Ursache von den Fehlern ihrer Zöglinge beizumessen haben, weil ihnen die Geschicklichkeit fehlt, ihnen dieselben abzugewöhnen.

Oft lehren sie aber auch wirklich dieselben.

Nun werden die meisten Leser denken, dies ist bei mir der Fall nicht, ich lehre meinen Zöglingen ihre Pflichten und suche sie durch meine Ermahnungen zu guten und thätigen Menschen zu bilden. Ich glaube es gern. Ich nehme es als bekannt an, daß unter meinen Lesern keiner sei, der seine Zöglinge zur Trägheit, Lügenhaftigkeit, Unverträglichkeit und anderen Untugenden ermahne. Daraus folgt aber noch nicht, daß sie diese Untugenden nicht lehrten. Kann man die Untugend nicht durch sein Exempel lehren? Wirkt dies nicht stärker auf die Jugend als Ermahnung? Du empfiehlst z. E. den Fleiß, und bist doch selbst träge, gehst mit Verdrossenheit an deine Geschäfte, klagst über deine vielen Arbeiten, äußerst oft den Wunsch, von deinen Geschäften befreit zu werden; du ermahnst sie zur Wahrheitsliebe und lügst doch selbst; sagst, daß du einen Freund besuchen wollest, und schleichst dich in das Wirtshaus zum Spieltische, setzest deine Lehrstunden unter dem Vorgeben aus, daß du krank wärest und bist doch nicht krank; forderst von deinen Zöglingen Verträglichkeit, und zankst doch immer mit den Personen, die mit dir in Verbindung stehen. Du kommst mir vor wie ein Sprachlehrer, der die Theorie der Sprache recht gut vorzutragen weiß, aber sie selbst fehlerhaft spricht und schreibt. Wenn seine Schüler ein Gleiches thun, kann man denn nicht von ihm sagen, daß er sie die Fehler gegen die Sprachregeln gelehrt habe?

Kann man ferner nicht auch Fehler und Untugenden durch die Behandlungsart lehren?

Ich glaube es allerdings. Wenn du z. E. jeden Mutwillen, jede Unbesonnenheit, jedes Versehen deines Zöglings strenge ahndest, was hast du ihn gelehrt? Die Lügenhaftigkeit. Seiner jugendlichen Natur ist es nun einmal notwendig, bisweilen mutwillig zu sein, unbesonnen zu handeln, dies und jenes zu versehen; weiß er nun, daß du dies alles strenge ahndest, was wird er thun? Er wird seine Fehltritte vor dir zu verbergen suchen, ableugnen, ein Lügner werden. Mißbrauchst du das Zutrauen, das dir dein Zögling beweist, plauderst du die Geständnisse aus, die er dir als seinem Freunde thut, hältst sie ihm wohl gar öffentlich vor und beschämst ihn deswegen — was lehrst du ihn? Verschlossenheit. Kannst du im Ernste verlangen, daß dieser junge Mensch dir seine Geheimnisse anvertrauen soll, da du sie nicht zu bewahren weißt? daß er Offenherzigkeit gegen dich zeigen soll, wenn du sie ihm zum Verbrechen machst? Nur der Einfältige, der Schwachkopf wird dies thun; der Knabe, der sich fühlt und die Unregelmäßigkeit deines Benehmens beurteilen kann, wird dir sein Zutrauen entziehen und es Personen schenken, bei denen seine Geheimnisse besser aufgehoben sind.

Wenn du den Thätigkeitsbetrieb deiner Zöglinge nicht zu befriedigen suchst; wenn du, um sie zu beschäftigen, ihnen nichts in die Hände giebst als Bücher und Federn, was lehrst du sie? Eine ganze Reihe von Untugenden, deren ausführliches Verzeichnis ich hier niederzuschreiben nicht geneigt bin. Der Thätigkeitsbetrieb ist nun einmal da und ist ein wohlthätiges Geschenk des Schöpfers, ist die Stahlfeder, die er in die junge Maschine gesetzt hat. Bücher und Federn vermögen ihn nicht zu befriedigen; denn zum Gebrauche derselben gehört Nachdenken, welches ein Geschäft der Vernunft ist, die bei den Knaben noch in der Entwickelung steht; und wenn auch gleich Bücher und Federn in vielen Fällen ohne Nachdenken können gebraucht werden, so ist doch der beständige Gebrauch derselben zu einförmig, als daß er Knaben[A], die Abwechselung lieben, angemessen sein sollte. Folglich haben Knaben, die man an die Bücher und den Schreibtisch fesselt, Langeweile. Gelingt es nun bei einigen, daß sie sich daran gewöhnen, so ist der Thätigkeitstrieb erstickt, sie werden faul und träge; gelingt dies, welches bei den meisten der Fall zu sein pflegt, nicht, so bricht der gehemmte Thätigkeitstrieb durch und verfällt auf Ausschweifungen, wovon die heimlichen Sünden gemeiniglich die ersten zu sein pflegen.[7] Wer hat sie diese gelehrt? Der Erzieher. Wer von den mannigfaltigen Methoden, die Kinderuntugenden zu lehren, ein Mehreres wissen will, dem empfehle ich das Krebsbüchlein, oder die Anweisung zu einer unvernünftigen Erziehung der Kinder.

Der Erzieher macht sich drittens auch der Fehler und Untugenden seiner Zöglinge dadurch schuldig, daß er ihnen dieselben andichtet.

Wenn man die Schilderung hört, die manche Erzieher von ihren Zöglingen machen, so möchte man sich entsetzen und alle Lust verlieren, sich dem so wohlthätigen Geschäfte der Erziehung zu widmen. Da ist nicht der geringste Trieb, etwas Nützliches zu thun, unausstehliche Trägheit, Unbesonnenheit, Unverträglichkeit, Tücke, Bosheit, es ist eine Schar roher, ungeschlachter Buben, bei denen nichts ausgerichtet werden kann.

Der gebildete Erzieher lächelt dabei, weil er wahrnimmt, daß diese Untugenden größtenteils in dem Gehirne des Erziehers sitzen, der das für Untugenden erklärt, was doch notwendige Eigenschaften der Kindheit sind.

Was würde man von einem Vater halten, der sein dreiwöchiges Kind unreinlich schelten wollte, weil es die Windeln verunreinigt; oder von einem Gärtner, der darüber im Frühlinge Klage führte, daß er auf allen seinen Kirschbäumen nicht eine einzige Frucht, lauter Blüten fände? Würden wir sie nicht mitleidig belächeln?

Viele Erzieher handeln aber nicht vernünftiger. Sie machen es ihren Zöglingen zum Verbrechen, wenn sie so handeln, wie die kindische[8] Natur zu handeln pflegt und handeln muß, und fordern von ihnen ein Betragen, das nur die Wirkung der gebildeten Vernunft, die bei ihnen noch klein ist, sein kann; sie suchen Früchte zur Zeit der Baumblüte.

Wir wollen darüber ein Gespräch zwischen Herrn Corydon und seinem Freunde Mentor hören. Nichts Gesetztes, sagt er, ist bei meinen Zöglingen. Kann ich sie dahin bringen, daß sie bedächtig gingen? Da ist nichts als hüpfen, springen und laufen.

M. So? Das ist ja recht schön. Ich würde sehr unmutig werden, wenn meine Zöglinge wie die Drahtpuppen gingen. Der Knabe muß hüpfen, springen und laufen, wenn er seine Kräfte fühlt.

C. Keine Spur von Nachdenken.

M. Und darüber wundern Sie sich? Was denkt denn im Menschen nach? Ist's nicht wahr, die Vernunft? Wo soll denn also bei den Knaben, deren Vernunft sich noch nicht entwickelt hat, das Nachdenken herkommen?

C. Nichts als Kindereien treiben sie.

M. Das kommt daher, weil sie Kinder sind.

C. Wenn das Zeichen zur Lehrstunde gegeben wird, da geht es so langsam, so verdrossen, daß man die Geduld verlieren möchte; geht es aber zum Spielplatze, da sollte man die Freudigkeit sehen, mit welcher sie dahin eilen, gleichsam, als wenn der Mensch zum Spielen bestimmt wäre.

M. Der Mensch ist freilich zum Spielen nicht bestimmt, wohl aber der werdende Mensch, der Knabe. Nach und nach muß man ihm Geschmack an der Arbeit beibringen, darf es ihm aber nicht zur Last legen, wenn er daran nicht sogleich Geschmack finden kann.

C. Und in den Lehrstunden sind sie nicht einen Augenblick ruhig.

M. Das kommt daher, weil sie sich in einer Lage befinden, die ihnen nicht natürlich ist. Das gesunde Kind ist nur so lange ruhig, als es schläft, außerdem ist es in beständiger Bewegung. Sie haben dabei weiter nichts zu thun, als darüber nachzudenken, wie Sie ihr unruhiges Wesen zur Erreichung guter Zwecke benutzen wollen. Geben Sie den kleinen Händen etwas zu thun, und den plauderhaften Mäulern recht viel Gelegenheit zu sprechen, so werden Sie die unruhigen Geister nicht mehr lästig finden.

C. Wie viele Kränkungen verursachen sie mir durch ihre Tücke und Bosheit!

M. Tücke und Bosheit? Diese habe ich noch nicht oft an Knaben bemerkt. Geben Sie mir doch davon ein Beispiel.

C. Ein Beispiel? Ich könnte davon ein Buch schreiben. Stellen Sie sich um des Himmels willen vor — gestern führte ich meine Knaben aus, die Glieder zittern mir noch, wenn ich daran denke.

M. Nun? Was gab es denn?

C. Da warfen sie sich mit Schneeballen.

M. Und das nennen Sie Tücke und Bosheit?

C. Nicht doch! Aber ehe ich mich versah, warf mir einer einen Schneeballen auf den Rücken; mir, seinem Aufseher!

M. Um Sie zu kränken?

C. Warum denn sonst?

M. Ja! Das ist eben der Punkt, worin ihr Herren so oft fehlt. Bei jeder Äußerung des Mutwillens und der Unbesonnenheit wittert ihr Tücke und Bosheit und versündigt euch dadurch an der Jugend. Tücke und Bosheit sind der Jugend nicht natürlich. Wenn sie sich zeigen, so sind sie ihr gewiß durch die verkehrte Art, mit welcher sie von den Erwachsenen behandelt wurde, eingeimpft.

C. Was sollte aber der Bube, der mich warf, für eine andere Absicht gehabt haben, als mich zu kränken?

M. Sie zu reizen, an der Schneeballerei teilzunehmen. Was thaten Sie denn, da Sie den Schneeball bekommen hatten?

C. Ich drehte mich um und fragte: Wer ist der Bube, der mich geworfen hat?

M. Nu? Was bekamen Sie denn für eine Antwort?

C. Keine. Ich drohte, sie alle von der Mittagsmahlzeit auszuschließen, wenn sie mir den Buben nicht nennen würden, der die Achtung gegen mich verletzt hätte. Keiner antwortete. Sie aßen zu Mittag lieber alle trocken Brot, als daß einer so aufrichtig gewesen wäre, mir den Buben, der mich beleidigt hatte, zu entdecken.

M. Ich sehe darin das Abscheuliche nicht, das Sie darin wahrnehmen.

C. Wie? Ein Komplott können Sie billigen, das diese Bösewichter gegen ihren Lehrer und Aufseher machten?

M. Ich sehe weder Komplott noch Bösewichter. Einer von der Gesellschaft hat in einer Anwandlung von Mutwillen Sie geworfen — das wissen alle. Sie aber erklären diesen Knaben deswegen für einen Buben, der die Achtung gegen Sie aus den Augen gesetzt hätte. Sie drohen ihm durch ihren Blick und den rauhen Ton, mit welchem Sie sprechen, jene harte Strafe. Die Knaben fühlen alle, daß Sie hierin unrecht thun, und verraten deswegen ihren Kameraden nicht. Sie versagen sich lieber eine Mittagsmahlzeit, als daß sie einen guten, aber mutwilligen Knaben einer zu harten Behandlung preisgeben. Gesetzt auch, daß diese Knaben darin unrecht thaten, daß sie den Mutwilligen nicht entdeckten, haben Sie durch Ihre Härte ihnen nicht selbst dazu Veranlassung gegeben? Wissen Sie, was ich gethan hätte, wenn ich an Ihrer Stelle gewesen wäre? Ich hätte mich umgedreht und lächelnd gefragt: Ich glaube, ihr wollt es gar mit mir aufnehmen? Wer ist der kleine Held, der es wagt, sich mit mir zu messen? Da würde denn der Knabe von selbst herausgetreten sein und gesagt haben: Ich! Ich hätte darauf den Kampf mit ihm begonnen, und, wenn ein paar Schneebälle wären gewechselt worden, hätte ich etwas ernsthaft gesagt: nun, Freund! ist es gut, nun haben wir uns miteinander gemessen. So würde er den Schneeball, den er schon gegen Sie aufgehoben hatte, haben fallen lassen, und das ganze Schauspiel würde sich zur allgemeinen Zufriedenheit geendigt haben.

Hier mag Herr Corydon abbrechen. Wollte ich ihn ausreden lassen, so würden seine Klagen den ganzen Raum ausfüllen, den ich dem Ameisenbüchlein bestimmt habe. Denn wer die Eigenheiten der kindlichen Natur in die Klasse der Untugenden setzt, wie viel wird dieser nicht zu klagen haben!

Oft werden die Erzieher auch dadurch die Schöpfer der Untugenden ihrer Zöglinge, daß sie eine willkürliche Regel annehmen, nach welcher sich die jungen Leute richten sollen, und jede Abweichung von derselben ihnen als Untugend anrechnen. Wenn die Regel nun albern und widernatürlich ist, und die jungen Leute dies fühlen, so werden sie auch keine Neigung haben, sie zu befolgen, jeden Augenblick davon abweichen, und so als Übertreter in des Erziehers Augen erscheinen.

Dies begegnet besonders den stolzen Erziehern, die sich für unfehlbar halten, ihre Zöglinge als Sklaven betrachten, die ihnen blinden Gehorsam schuldig wären, bei allen ihren Handlungen auf sie Rücksicht nehmen und bei jeder Gelegenheit die strengste Unterwürfigkeit gegen sie beweisen müßten. Ein solcher Erzieher duldet keine Einwendung, keinen Widerspruch, dies wäre Beleidigung, Mangel an Hochachtung. Wenn er sich zeigt, soll alles Spiel ruhen, tiefes Stillschweigen erfolgen, alles in einer ehrfurchtsvollen Stellung vor ihm stehen.

Der freimütige, unbefangene Knabe, der keine Verstellung gelernt hat und geneigt ist, sich an jeden, den er für gut hält, anzuschmiegen, wird diese Forderung unerträglich finden. Furcht vor Mißhandlungen wird ihn vielleicht bewegen, sich einige Augenblicke nach den unbilligen Forderungen seines Zuchtmeisters zu richten; bald wird er sich aber vergessen, sich in seiner natürlichen Gestalt zeigen, und deswegen als ein nichtswürdiger Bube behandelt werden.

Jetzt kommt Herr Crispin mit steifem Nacken und abgemessenen Schritten einhergegangen, um seine Lehrstunde zu geben. Seine Schüler sind vor dem Hause eben mit Ballspiel beschäftigt. Einige erschrecken bei seinem Anblicke und verbeugen sich vor ihm mit heuchlerischer Miene, andere setzen ihr Spiel fort. Was für eine schändliche Aufführung, schreit er ihnen zu, ist dies! Habe ich Gassenbuben zu Schülern? Unwillig folgen sie ihm in das Lehrzimmer.

Setzet euch, gebietet er, und daß keiner sich unterstehe, das geringste Geräusch zu machen. Schreibt, was ich euch diktiere: Il vit la carosse (= Er sah den Wagen).

Herr Crispin! sagte der kleine muntere Klaus, ich dächte, es müsse heißen le carosse.

Schweig! antwortete er, und wenn es gleich heißen sollte le carosse, so mußt du doch schreiben la carosse, weil ich, dein Lehrer, es gesagt habe. Einem unbärtigen Knaben kommt es nicht zu, seinem Lehrer zu widersprechen.

Nun fängt er an, das Diktierte zu erklären, und bemerkt, daß ein paar Knaben sich ein Stückchen Papier zeigen, die Köpfe zusammenstecken und lachen. Er fährt zu, nimmt das Papier weg, und erblickt darauf eine kleine Handzeichnung, die der junge Klaus soeben verfertigt und darunter geschrieben hat: Das ist Herr Crispin.

Nun ist die Lehrstunde beendigt, weil Herr Crispin in so heftigen Zorn geraten ist, daß er sie nicht fortsetzen kann. Er wirft den schändlichen, verworfenen Buben zur Thür hinaus und befiehlt, daß er ihm nicht wieder vor die Augen kommen soll.

Der übrige Teil der zum Unterricht bestimmten Stunde wird mit Schimpfreden und Drohungen zugebracht, die ich niederzuschreiben mich schäme. Nach Crispins Schilderung ist seine Klasse ein Haufen schändlicher, verworfener Gassenbuben.

Und was ist es, wogegen er sich so sehr ereifert? Eine Geburt seines eigenen Gehirns — schändliche Beleidigung des Lehrers — wovon ein anderer gebildeter Mann gar nichts würde geahnt haben. Wenn die Knaben durch seine Gegenwart sich im Spielen nicht stören ließen, so kam es von dem Bewußtsein her, daß sie nichts Unrechtes thäten; wenn Klaus Herrn Crispin auf einen Sprachfehler aufmerksam machte, so war dies eine Wirkung seiner liebenswürdigen Freimütigkeit, wofür ihm ein anderer die Hand würde gedrückt haben. Daß bei der Verfertigung seiner Handzeichnung nicht etwas Tücke im Hintergrunde gelegen habe, getraue ich mir nicht zu behaupten. Gesetzt aber, dies wäre der Fall; wer hat sie rege gemacht? Kein anderer Mensch, als Herr Crispin, durch das offenbare Unrecht, das er dem kleinen Zeichner that.

Endlich vergrößern Erzieher bei ihren Zöglingen oft die Zahl der Untugenden, indem sie die Eigenheiten derselben dazu rechnen. Wenn man in einer Erziehungsanstalt die Stiefeln sämtlicher Zöglinge nach einem Leisten wollte machen lassen, so würde es sich finden, daß sie nur für die wenigsten paßten und den übrigen entweder zu groß oder zu klein wären. Und was wäre nun in diesem Falle wohl zu thun? Die Füße, für welche die Stiefeln nicht passen, für fehlerhaft erklären? an den Füßen einiger Zöglinge etwas abschneiden, an anderen etwas hinzusetzen?

Ihr lacht? Ihr wollt wissen, was ich mit dieser sonderbaren Frage wolle? Ich will es gleich sagen. Sowie jeder Knabe seine eigene Form des Fußes hat, so hat auch jeder seinen eigenen Charakter[9] und seine eigenen Talente. Wollt ihr nun die Knaben mit ihren verschiedenen Charaktern und Talenten auf einen Fuß, oder, wie man auch zu sagen pflegt, über einen Leisten behandeln, so wird diese Behandlungsart immer den wenigsten angemessen sein; wollt ihr nun dieses den Knaben als Untugend anrechnen und sie eurer Behandlungsart anzupassen suchen, so handelt ihr mit ebenso weniger Überlegung, als derjenige, der die Füße nach den ihnen bestimmten Stiefeln formen wollte. Ihr gebt euren Zöglingen wegen begangener Fehltritte öffentliche Verweise. Dies mag für gewisse Fühllose, bei welchen vorhergegangene Ermahnungen fruchtlos waren, von guter Wirkung sein; wenn ihr dies aber bei allen thun wollt, so wird der ehrgeizige Ferdinand sich für beleidigt halten und geneigt sein, die größten Unbesonnenheiten zu begehen; der weichmütige Wilhelm hingegen wird bittere Thränen weinen und mutlos werden. Ihr lehrt den Fritz und Karl. Jener faßt sogleich alles, was ihr ihm sagt, und die Arbeit, die ihr ihm gebt, ist in einer Viertelstunde vollendet. So ist es nicht mit Karl. Dieser gute, ehrliche Knabe hat einen sehr langsamen Kopf, faßt sehr schwer den Vortrag, bringt an der ihm aufgegebenen Arbeit eine Stunde zu, und am Ende ist sie doch nicht so gut, wie die, die Fritz lieferte. Darüber gebt ihr ihm Verweise, die er nicht verdient hat.

Ihr unterrichtet den Heinrich und Ludwig im Lateinischen und in der Mathematik. Heinrich kann schlechterdings die lateinischen Sprachregeln nicht fassen, in der mathematischen Lehrstunde hingegen ist er der beste Schüler; und Ludwig bringt euch lateinische Aufsätze, an denen ihr nur wenig zu verbessern findet; aber die Mathematik — für diese hat er keinen Sinn. Gleichwohl verlangt ihr von beiden, daß sie im Lateinischen und in der Mathematik gleiche Fortschritte machen sollen; verweist dem Heinrich seine Faulheit in der lateinischen und dem Ludwig seine Verdrossenheit in der mathematischen Lehrstunde und — thut beiden unrecht. Ihre Faulheit und Trägheit sitzt in euerm Gehirne.[B]

Dies wäre also mein Symbolum, das jeder verstehen, annehmen und befolgen muß, wenn mein Ameisenbuch ihm nützen soll.

Sowie aber alle Symbole sind gemißbraucht worden, so wird es wahrscheinlich auch mit diesem gehen. Wenn nun mancher Erzieher mit seinen Bemühungen bei seinen Zöglingen wenig oder nichts ausrichtet, wenn sie wenig lernen, ihre Untugenden beibehalten und unter seiner Leitung mehrere annehmen, so werden die Eltern ihm die Schuld davon geradezu beimessen und sich auf mein Ameisenbüchlein berufen. Hierin thun sie unrecht.

Habe ich denn gesagt, daß man den Grund von allen Untugenden und Fehlern der Zöglinge dem Erzieher beimessen müsse? Nichts weniger als dieses. Nur von dem Erzieher fordere ich, daß er selber den Grund davon in sich suchen solle, damit, wenn er wirklich in ihm läge, er ihn wegräumen könne. Daraus folgt aber noch nicht, daß andere ihm die Schuld davon beilegen sollen.

Ihr, liebe Eltern, seid auch die Erzieher eurer Kinder. Habt ihr gleich die Erziehung derselben zum Teil einem andern übertragen, so nehmet ihr doch noch immer auf eine nähere oder entferntere Art daran Anteil. Für euch ist also mein Symbolum auch niedergeschrieben. Ueberdenkt, beherzigt es und macht die Anwendung davon auf euch selbst. Statt die Untugenden eurer Kinder dem Erzieher zur Last zu legen, suchet den Grund davon in euch.

Der Erzieher sucht ihn in sich, ihr sucht ihn in euch, und jeder Teil bessert da, wo er findet, daß er gefehlt habe. So wird alles recht gut gehen.

> Ein jeder lern' seine Lektion!
> So wird es wohl im Hause stohn.

Wer mein Symbolum nicht annimmt, sich für unfehlbar hält, und die ganze Schuld von den Untugenden seiner Zöglinge und dem Mißlingen ihrer Bearbeitung in ihnen oder in der äußerlichen Lage sucht — wie will der erziehen können! Mit Unwillen wird er seine Zöglinge ansehen, ihr Anblick wird ihm unangenehme Empfindungen verursachen, jede ihrer Unbesonnenheiten ihn beleidigen, oft wird er in ihren unschuldigsten Aeußerungen Tücke und Bosheit wittern, von lauter verworfenen Menschen, bei denen man nichts wirken kann, sich umgeben glauben. Wie lästig wird ihm die Erziehung werden, wie herbe sein Ton, wie verkehrt sein Benehmen gegen seine jungen Freunde sein und wie fruchtlos alle seine Bemühungen! Sehnlich wird er dem Zeitpunkte entgegensehen, da ihm das Erziehungsgeschäft abgenommen wird, und er seine bisherige Lage mit einer andern vertauschen kann.

Er wird kommen, der sehnlich herbeigewünschte Zeitpunkt; du wirst dich dann leichter fühlen, und dir wird es scheinen, als wenn du neugeboren wärest. Bald aber wirst du in deiner neuen Lage neue Unannehmlichkeiten finden; deine Umgebungen werden deinen Erwartungen nicht entsprechen, und weil du nun einmal dich gewöhnt hast, die Ursachen des Mißvergnügens immer außer dir zu suchen, so wirst du die Schuld davon deinen Umgebungen beimessen, und die alten Klagen werden von neuem beginnen. Der Anfang der Weisheit ist die Selbsterkenntnis;[10] wo diese fehlt, wird man die Weisheit in keiner Lage finden, und den Gleichmut und die Zufriedenheit, die aus derselben entspringen, allenthalben vermissen.

Freund! der du dich der Erziehung widmest, sei also stark und entschließe dich, wenn du an deinen Pflegesöhnen Fehler und Untugenden bemerkst, wenn die Bearbeitung derselben dir nicht gelingen will, den Grund davon immer in dir zu suchen. Du wirst gewiß vieles finden, das du nicht geahnt hast, und wenn du es findest, freue dich und laß es dir ein Ernst sein, es wegzuschaffen. Es wird dir gewiß gelingen, und dann — dann — welche angenehme Veränderung wirst du in und außer dir verspüren! Die dir anvertraute Jugend wird dir in einem andern Lichte erscheinen, ihre Munterkeit wird dich aufheitern, ihre Thorheiten und Unbesonnenheiten werden dich nicht mehr beleidigen, du wirst sie mit mehr Nachsicht und Schonung behandeln; das Herbe und Bittere in deinem Tone, das Finstere in deinem Gesichte wird sich verlieren, die Aufwallungen des Zorns, zu denen du geneigt bist, werden sich nach und nach mindern, der Bequemlichkeit, die du dir angewöhnt hattest, wirst du entsagen, so manchen andern Felder, der auf deine jungen Freunde üble Eindrücke machte, wirst du ablegen, du wirst deinem Vortrage immer mehr Lebhaftigkeit und Annehmlichkeit verschaffen. Hast du einige Zeit so an dir gebessert — was wird der Erfolg sein? Du wirst dich zu einem guten Erzieher gebildet haben.

Deine Pflegesöhne werden dich mit ihrer Liebe und ihrem Zutrauen belohnen; deine Winke werden sie befolgen, deine Bemühungen werden gelingen, ihre Fehler und Untugenden werden nach und nach weichen.

Will es dir in manchen Fällen doch nicht gelingen, kannst du gewisse Fehler und Untugenden doch nicht wegschaffen — gut! so hast du doch die Beruhigung, mit Ueberzeugung zu dir sagen zu können: ich habe das Meinige redlich gethan, die Schuld von dem Mißlingen meiner Bemühungen kann ich mir nicht beimessen.

Was ist Erziehung?

Seitdem es Menschen giebt, sind dieselben auch erzogen worden. Gleichwohl hat man noch keinen bestimmten, allgemein angenommenen Begriff von der Erziehung. Fast jeder, der über dieses Geschäft schreibt, giebt davon seine eigene Vorstellung.

Da könnte ich nun alle die Begriffe, die seit Aristoteles[11] bis auf Pestalozzi von der Erziehung sind gegeben worden, anführen, erklären, mit einander vergleichen und den richtigen heraussuchen. Ich habe aber meine Ursachen, warum ich es nicht thue. Erstlich, weil mir viele davon unbekannt sind, zweitens, weil ich es für zweckwidrig halte. Wozu würde es nützen, wenn ich die Leser mit den verschiedenen Vorstellungen, die man sich in verschiedenen Zeitaltern von der Erziehung machte, aufhielte? Am Ende komme ich doch mit meinem eigenen Begriffe hervorgetreten und suche ihnen denselben zu empfehlen. Da ist es ja kürzer, wenn ich sie sogleich, ohne alle Umschweife, damit bekannt mache. Nach meiner Meinung ist Erziehung: Entwickelung und Übung der jugendlichen Kräfte.[12]

Erzieht man das Kind zum Menschen, so werden alle seine Kräfte entwickelt und geübt; erzieht man es aber für ein gewisses Geschäft, so hält man es für nötig, daß man nur diejenigen, die zur Verrichtung desselben erforderlich sind, in Thätigkeit setze, und andere, die der Wirksamkeit derselben nachteilig sein können, schlummern lasse oder gar lähme, so wie man den Stier entmannt, der zum Zuge bestimmt ist. Hier rede ich nur von der ersten Art der Erziehung.

Um die Gehkraft der Kinder zu entwickeln und zu üben, steckte man sie ehedem in Laufbänke, oder legte ihnen Laufzäume[13] an, und sie wurden oft krummschenklig und hochschultrig, und wenn man ihnen den freien Gebrauch ihrer Glieder zuließ, hatten sie dieselben nicht in ihrer Gewalt, strauchelten oft, zerschlugen sich die Köpfe, oder bekamen andere Beschädigungen. Jetzt sind Laufbänke und Laufzäume aus allen Kinderstuben verbannt, wohin das Licht der bessern Erziehung gedrungen ist. Man sieht da die Kinder, wie junge Tiere, herumkriechen; fühlen sie mehr Kraft in ihren Schenkeln, so richten sie sich empor und treten an Stühle. Man setzt nun mehrere Stühle in kleiner Entfernung von einander hin, legt Bilder und Spielwerk drauf, um sie zu reizen, von einem Stuhle zum andern zu wandeln. Nach einigen Tagen lassen sie die Stühle stehen, und wandeln, ohne sich an etwas zu halten, durch das Zimmer. Verlieren sie das Gleichgewicht, so setzen sie sich gewöhnlich auf den Hintern. Bei dieser Übung bleiben die Glieder gesund und unverletzt. Wie lange währt es, so sieht man die nämlichen Kinder, die erst krochen, laufen und springen.

Diese Behandlungsart enthüllt uns das ganze Geheimnis einer vernünftigen, der menschlichen Natur angemessenen Erziehung.

So wie man bei dieser Anleitung zum Gehen die Gehkraft nicht eher zu üben sucht, bis die Kriechkraft hinlänglich geübt ist, und jene hinlänglich sich äußert, so darf man auch nicht andere Kräfte zu entwickeln suchen, bis sie wirklich da sind, und diejenigen, aus welchen sie hervorgehen pflegen, hinlängliche Übung bekommen haben. Ferner, so wie die Laufbänke und Laufzäume entfernt sind, und die Kinder gereizt werden, aus eigenem Entschlusse fortzuschreiten, und so ihre Gehkraft zu üben, so muß auch der Erzieher bei Übung der übrigen Kräfte alles Laufzaumähnliche zu entfernen suchen; er darf nicht sowohl die jugendlichen Kräfte üben, als vielmehr den Kindern Gelegenheit und Reiz verschaffen, diese Übungen selbst vorzunehmen.

Das Kind empfängt ohne Zweifel alle seine Kräfte durch die Erzeugung und bringt sie mit, wenn es sich seinem pflanzenähnlichen Zustande entwindet und in das Tierreich übergeht. Die meisten aber schlummern noch, wie der Keim im Weizenkorne, wenn es in die Erde geworfen wird; sie sind nur noch Vermögen und entwickeln sich, mit dem Fortgange der Zeit, in folgender Ordnung.

Zuerst die meisten Kräfte des Leibes. Das neugeborene Kind atmet, schreit, schluckt, verdauet u. s. w. Die äußerlichen Dinge machen auf dasselbe Eindrücke, aber das Vermögen, sie zu empfinden oder sich davon Vorstellungen zu machen, äußert sich in seinen ersten Lebenstagen noch nicht. Nach und nach fängt es an, die äußerlichen Dinge sich vorzustellen, diese Vorstellungen aufzubewahren, sie von Zeit zu Zeit wieder hervorzubringen: die Kräfte der Sinnlichkeit,[14] des Gedächtnisses, der Einbildungskraft entwickeln sich.

In der Folge äußert sich der Verstand durch Urteile, die er über Gegenstände fället, die in die Sinne fallen. Zugleich fangen die in den Händen befindlichen Kräfte an, ein Streben nach Thätigkeit zu äußern. Das Kind greift nach allem, betastet alles, wirft es von einem Orte zum andern. Giebt man ihm in der Folge ein hölzernes Pferd, so bauet es von Büchern oder Stühlen einen Stall, legt ihm Futter vor, zieht es heraus, bindet es an einen Stuhl oder sonst etwas, das des Pferdes Wagen sein und von ihm fortgezogen werden soll u. dgl. Erst bei dem Austritte aus dem Stande der Kindheit fängt die Vernunft an durch Vorstellung von übersinnlichen Gegenständen sich thätig zu beweisen.

Hierdurch hat uns die Natur die Ordnung vorgezeichnet, in welcher wir ihr bei Entwickelung der jugendlichen Kräfte behilflich sein müssen.

Was muß ein Erzieher lernen?

Es ist ein Lieblingssatz der neueren Erzieher, daß die Erziehung des Kindes mit seiner Geburt anfangen müsse, und ich stimme demselben von ganzem Herzen bei.

Schriebe ich nun jetzt über die Erziehung der Kinder, so müßte ich zeigen, wie Eltern, Kinderwärterinnen und alle Personen, in deren Händen sich das Kind in seinen ersten Lebensjahren befindet, sich gegen dasselbe in diesem Zeitraume verhalten müßten. Da ich aber bei Ausfertigung dieser Schrift die Erziehung der Erzieher zum Gegenstande habe, wodurch man nach dem Sprachgebrauche Personen versteht, die von den Eltern verschieden sind, und die gewöhnlich das Kind dann erst unter ihre Aufsicht bekommen, wenn es schon gehen, sprechen, sich Vorstellungen von Gegenständen der Sinnenwelt machen und darüber urteilen kann, so würde es mich zu weit von meinem Zwecke abführen, wenn ich mich auf die Behandlungsart der Kinder in ihren ersten Lebenstagen einlassen wollte.

Wer hierüber belehrt sein will, dem empfehle ich das Buch, welches ich unter dem Titel: Konrad Kiefer, oder über eine vernünftige Erziehung der Kinder, herausgegeben habe, wo er verschiedene gute Winke und Belehrungen erhalten wird.

Jetzt untersuche ich also nur, was die Person für die Erziehung des Kindes zu thun habe, welche es aus dem Schoße der Familie zur ferneren Ausbildung erhält.

Das Lebensjahr, in welchem dieses geschieht, ist bekanntlich nicht allgemein bestimmt. Mancher Erzieher erhält seine Zöglinge im fünften oder sechsten Jahre, die meisten erhalten sie später.

Hier nehme ich an, der Erzieher trete sein Amt bei fünfjährigen Zöglingen an. Da fragt es sich nun, was hat er von diesem Zeitpunkte an bei ihnen zu thun? und was muß er in dieser Rücksicht lernen?

Die Kräfte des Leibes, und unter diesen vorzüglich diejenigen, deren Thätigkeit zur Erhaltung und Nahrung desselben am nötigsten sind, entwickeln sich bei den Kindern zuerst. Folglich muß der Erzieher auch verstehen, wie er die Wirksamkeit derselben oder die Gesundheit des Leibes erhalten soll.

Bei ungesunden Knaben mißlingt alle Erziehung.[15] Ihr beständiges Übelbefinden macht sie eigensinnig, verdrossen, schwächt den Thätigkeitstrieb und macht sie abgeneigt, durch Aufmerksamkeit auf die sie umgebenden Dinge sich Vorstellungen zu verschaffen. Jeder rauhe Wind, jeder Regenschauer schreckt sie aus der Natur zurück und verhindert sie, in ihrem Schoße Kenntnisse einzusammeln.

Die Erziehung ungesunder Kinder ist also ein höchst mühsames und fast undankbares Geschäft, und wer erziehen will, muß wissen, wie man seine Zöglinge gesund erhalte.

Dazu, wird man einwenden, sind ja die Ärzte da.

Freilich sind sie da. Sind sie aber auch immer da, wo der Erzieher mit seinen Zöglingen sich befindet? Sind sie auf dem Landgute des Edelmannes? sind sie auf den Landhäusern, wo die begüterten Stadtbewohner oft ihre Kinder erziehen lassen? sind sie auf Reisen zugegen? Und wenn sie zugegen sind, kann man denn ihnen seine Zöglinge immer ohne Bedenken anvertrauen? Ach, es ist ein höchst schädliches Vorurteil, daß das Doktordiplom eine vorzügliche Geschicklichkeit zur Erhaltung der menschlichen Gesundheit erteile. Ein Arzt, der zu einem kranken Knaben gerufen wird, dessen Natur er nicht kennt, dessen Lebensart er nicht beobachtet hat, der vielleicht den Kopf voll von einer gewissen Krankheit hat, die er allenthalben sucht und allenthalben zu finden glaubt, kann leichter in der Beurteilung seines Übelbefindens, des Ursprungs desselben und in der Wahl der Heilmittel irren, als ein aufmerksamer Erzieher, der seinen Zögling immer um sich hat und seine Natur und Lebensart kennt.

Und sind denn alle Ärzte redlich? Sind nicht manche unter ihnen, die ihre Patienten so behandeln, wie ein gewinnsüchtiger Uhrmacher die Taschenuhren, die ihm zur Ausbesserung übergeben werden, der sie nie vollkommen herstellt, damit immer daran etwas zu bessern bleibe, immer etwas für ihn zu gewinnen ist?[16]

Der Erzieher muß also verstehen, wie er seine Zöglinge gesund erhalte, wie er es verhüte, daß sie krank werden, und wie ihnen zu helfen sei, wenn da und dort in der Maschine eine Stockung entsteht; und nur bei außerordentlichen Fällen wo seine Einsichten ihn verlassen, muß er zum Arzte seine Zuflucht nehmen.[C]

Alles auseinanderzusetzen, was man thun muß, um seine Pflegesöhne gesund zu erhalten, ist hier der Ort nicht. Nur dies bemerke ich, daß man sie zur Abhärtung gewöhnen, täglich, ohne sich an die Witterung zu kehren, sie im Freien bewegen, einfache Kost ihnen zu genießen geben, und des kalten Bades nebst den damit verknüpften Schwimmübungen sich bedienen muß.[D]

Dies sei ein Wink für euch jungen Männer, die ihr euch der Erziehung widmen wollt. Wenn eure Zöglinge durch Abhärtung ihre Gesundheit erhalten sollen, so müßt ihr euch selbst abhärten. Denn glaubt ihr wohl, daß sie im Schneegestöber sich wohl befinden werden, wenn ihr über die unangenehmen Empfindungen klagt, die es euch verursacht? daß sie gern mit leichter Kleidung und unbedeckten Köpfen ausgehen werden, wenn ihr euch in Pelzwerk hüllt? Oder glaubt ihr wohl, daß verzärtelte Jünglinge sich gern der rauhen Luft aussetzen werden? Ach, ich besorge, sie werden, so oft die Luft rauh ist, allerlei Entschuldigungen hervorsuchen, um das Ausgehen abzulehnen und in der warmen Stube bleiben zu können, und so, statt ihre Zöglinge abzuhärten, dieselben verzärteln.

Also, liebe Freunde! Wenn ihr nicht nur Erzieher heißen, sondern es wirklich sein wollt, so härtet euren Leib ab! Werft die Federbetten weg und gewöhnet euch, auf Stroh unter einer leichten Bedeckung zu schlafen; bedeckt den Kopf leicht oder gar nicht. Daß der Kopf immer bedeckt sein müsse, ist Vorurteil. Eure Kleidung sei leicht, Pelzwerk darf nie an euren Leib kommen. So lange man durch Gehen und Laufen sich in Bewegung hält, kann man viel aushalten; nur dann wird eine Ausnahme stattfinden müssen, wenn man in ruhiger Lage, im Wagen oder auf dem Schlitten sich befindet. Gehet täglich in die freie Luft, ohne erst durch die Fensterscheiben nachzusehen, was es für Wetter sei. Macht bisweilen starke Reisen zu Fuße, damit euer Leib sich gewöhne, das damit verknüpfte Ungemach auszuhalten. Da die Bewegungen auf dem Schnee und Eise ein vorzügliches Stärkungsmittel sind, so lernt auf kleinen Schlitten fahren und mit Schlittschuhen auf der Eisfläche laufen. Dann habt ihr nicht nötig, durch weitläufige Vorstellungen euren Zöglingen die Nutzbarkeit dieser Bewegungen begreiflich zu machen. Ihr setzt euch auf euern Schlitten und gleitet den Berg herab, ihr schnallet eure Schlittschuhe an und fahret über die Eisfläche hin, und eure Zöglinge bitten euch von selbst, daß ihr ihnen Schlitten und Schlittschuhe sollt machen lassen.

Wenn der Genuß einfacher Kost ein Erhaltungsmittel der jugendlichen Gesundheit ist, so begreift ihr von selbst, daß ihr euch auch dazu gewöhnen müßt. Die warmen ausländischen Getränke, die bei der gewöhnlichen Erziehung uns zu einem notwendigen Bedürfnisse gemacht werden, die Leckereien, die auf den Tafeln der Begüterten einen Teil der Mahlzeit ausmachen, müßt ihr entbehren lernen. Dann habt ihr nicht nötig, euern Zöglingen die Vortrefflichkeit einer einfachen Kost vorzupredigen. Wenn ihr selbst euern Genuß auf Milch und Obst, Butter, Gemüse, Fleisch und andere Nahrungsmittel, welche die naheliegende Natur darbietet, einschränkt, so werden sie sich von selbst daran gewöhnen, und die Lüsternheit nach gekünstelten Nahrungsmitteln wird bei ihnen schwach, und leicht zu besiegen sein.

Wird dies wohl ebenso leicht sein, wenn ihr euch Genüsse erlaubt, vor denen ihr sie warnet?

Wollet ihr die Zöglinge zum kalten Bade führen, ohne selbst daran teilzunehmen, so könnt ihr leicht voraussehen, was für Unannehmlichkeiten daraus entspringen werden. Mehrere von ihnen werden mit Unwillen ins Wasser gehen, unter allerlei Entschuldigungen sich dieser Übung zu entziehen suchen, und, was tausend jungen Leuten Wollust ist, das wird ihnen Frondienst sein. Ihr selbst werdet ängstlich am Ufer umherlaufen, wie eine Truthenne, wenn ihre Entenbrut auf dem Teiche schwimmt, und ihnen bei den Gefahren, in die sie kommen, nicht raten und nicht helfen können.

Das kürzeste Mittel, diesen Unannehmlichkeiten vorzubeugen, ist — lernt selbst Schwimmen. Dann wird das Tauchen, Platschern und Schwimmen im kalten Wasser euch Freude machen, ihr werdet euch mit Vergnügen in dasselbe stürzen, eure Kleinen werden euch nachfolgen, ihr werdet imstande sein, ihnen alle die Vorteile bekannt zu machen, durch welche man sich über dem Wasser erhalten und auf seiner Fläche sich frei bewegen kann, und sie retten können, wenn sie in Gefahr kommen sollten.[E]

Bei einer solchen Behandlungsart werden die Kräfte, die der Schöpfer euern Kleinen zur Erhaltung des Leibes einpflanzte, ihre Verrichtungen selbst thun und nicht oft und nicht lange in denselben gestört werden.

Bisweilen wird dies aber doch geschehen. Dann bedarf es oft nur eines kleinen Reizes, um die abgespannten Kräfte wieder in Thätigkeit zu setzen. Diesen Reiz ihnen zu geben, müßt ihr verstehen.

Außer diesen nährenden und erhaltenden Kräften muß nun auch der Sinnlichkeit, dem Gedächtnisse, der Einbildungskraft und dem Verstande Übung verschafft werden.

Woran sollen diese Übungen geschehen? An Gegenständen, die in die Sinne fallen. Diese müssen in großer Mannigfaltigkeit herbeigeschafft und den Kindern zur Betrachtung vorgestellt werden. Wo diese bei sechs- bis achtjährigen Kindern fehlen, da ist keine Erziehung, weil nichts da ist, woran sie ihre regenden Kräfte üben können.

Und welches sollen diese sinnlichen Gegenstände sein? Dies müssen uns die Kinder selbst lehren. Wir müssen ihnen ablernen, welche Gegenstände am meisten geeignet sind, ihre Aufmerksamkeit auf sich zu ziehen. Wenn man ihnen dann dieselben vorzeigt, so hat man nicht nötig, sie immer zu ermahnen: gebt Achtung, liebe Kinder! Sie fühlen in sich selbst Drang zum Beobachten. Sie thun das, worauf ihr Erzieher hinarbeiten muß — sie erziehen sich selbst.

Da hat mich nun eine lange Erfahrung gelehrt, daß nichts die Aufmerksamkeit der Kinder so früh auf sich ziehe, als — Tiere. Wer daran zweifelt, der beobachte die Kinder selbst, und er wird das Nämliche wahrnehmen. Ihre Augen sind selten auf ihren Leib,[17] gewöhnlich auf die Gegenstände gerichtet, mit welchen sie umgeben sind. Bringt man nun einen Sperling, eine Maus, einen Fisch oder ein anderes Tier in das Zimmer, so sehen sie von allen andern Dingen weg und — blicken auf die Tiere. Selbst wenn man ihnen ein Bilderbuch vorlegt, so verweilen sie am längsten bei den Bildern, auf welchen Tiere vorgestellt sind. Dadurch fordern sie laut: wollt ihr die Kräfte, die sich jetzt bei uns äußern, üben, so zeigt uns Tiere!

Man fängt auch wirklich hier und da an, auf diese Forderung Rücksicht zu nehmen, und die Naturgeschichte, die ehedem der Jugend ganz fremd blieb, in Schulen und Erziehungshäusern zu lehren, aber — meistenteils ganz zwecklos.

Man hält Vorlesungen über ein System der Naturgeschichte, ohne von den Erzeugnissen der Natur etwas vorzuzeigen, glaubt dadurch die Forderungen der jugendlichen Natur zu erfüllen und irrt sich.[18]

Das Kind will seine Kräfte üben an sinnlichen Gegenständen; wie kann es dies, wenn ihm keine vorgezeigt werden? Naturgeschichte soll gelehrt werden, nicht um ihrer selbst willen, sondern um der Jugend auch Gelegenheit zu schaffen, an der Natur verschiedene Kräfte zu üben. Dies fällt ja alles bei den naturhistorischen Vorlesungen weg. Da verhält ja das Kind sich bloß leidend und läßt den Lehrer für sich beobachten und urteilen.

Sollen die jugendlichen Kräfte an der Natur geübt werden, so müssen die Erzeugnisse derselben ihnen nach und nach zur Betrachtung vorgestellt werden, und zwar eins auf einmal, damit die Aufmerksamkeit sich besser auf dasselbe heften könne, und zwar anfänglich — ein Tier. Dies Tier muß nun genau betrachtet werden nach seinen verschiedenen Teilen, ihrer Form, ihrer Farbe, ihrer Absicht; es muß nun mit einem andern verglichen und bemerkt werden, was es mit ihm gemein habe, und wodurch es von ihm unterschieden sei, es muß den Augen bisweilen entzogen und von dem Kinde beschrieben werden. Was durch die eigene Beobachtung nicht kann gefunden werden, z. B. die Nahrung, die Lebensart, der Nutzen, den es dem Ganzen schaffe, das setzt der Lehrer durch seine Erzählung hinzu.

Ich stelle z. E. zur Betrachtung einen Kanarienvogel auf. Wie viel gibt es da zu betrachten!

Ich kann die Betrachtung nun auf zweierlei Art anstellen: erstlich indem ich meinen Kleinen vorerzähle, was ich an dem Vogel bemerke; zweitens, indem ich sie reize, denselben zu betrachten. Im ersten Falle übe ich meine, im zweiten der Kinder Kräfte. Da nun nicht jenes, sondern dieses bei der Erziehung der Kinder Zweck sein soll, so muß ich sie zur eigenen Betrachtung zu reizen suchen, wenn ich nicht zweckwidrig handeln will. Dies würde ungefähr auf folgende Art geschehen:

Wie heißt dies Tierchen?

Warum ein Vogel?

Warum Kanarienvogel?

Welches sind seine Gliedmaßen?

Was hat er vorne am Kopfe?

Aus wie vielen Teilen besteht der Schnabel?

Was hat der Oberkiefer für eine Form?

Was steht an beiden Seiten des Oberkiefers?

Was haben die Nasenlöcher für eine Form?

Was hat der Unterkiefer für eine Form?

Welcher Kiefer ist beweglich?

Welcher unbeweglich?

Wozu braucht der Kanarienvogel seinen Schnabel?

Haben alle Kanarienvögel Schnäbel?

Ist also der Schnabel ein wesentlicher oder ein zufälliger Teil?

Was steht an beiden Seiten des Kopfes?

Wozu nützen die Augen?

Was steht über den Augen?

Wozu nützen die Augenlider?

Warum schließt dieser Vogel bisweilen die Augenlider?

Womit ist der Kopf bedeckt?

Warum?

Was haben die Federn für eine Farbe?

Haben sie diese Farbe bei allen Kanarienvögeln?

Ist diese Farbe also wesentlich oder zufällig?

Worauf steht der Kopf?

Was kann der Vogel mit dem Halse thun?

Wie heißt der obere Teil des Halses?

Und der untere?

Wie heißen die beiden Gliedmaßen an den zwei Seiten des Körpers?

Aus wie viel Teilen besteht der Flügel?

Wie heißen die Federn, mit denen die Flügel bedeckt sind?

Wie heißen die Federn an der Seite?

Welche Federn sind länger?

Aus wie viel Teilen besteht eine Schwungfeder?

Wozu braucht der Vogel die Flügel?

Wie heißen die Gliedmaßen unten am Körper?

Aus wie viel Teilen bestehen sie?

Warum bestehen sie denn aus mehreren Teilen?

Wie heißt der obere Teil, der unmittelbar am Körper sitzt?

Wie der mittlere?

Wie der untere?

Was steht an dem untern?

 Womit sind die Lenden und Schenkel bedeckt?

Womit die Beine und Zehen?

Wie viele Zehen stehen an jedem Beine?

Wie viele an beiden?

Wie viel Zehen haben zehn Kanarienvögel?

Wie viele hundert?

Sind alle Zehen gleich lang?

Welches ist der längste?

Welches der kürzeste?

Wie viele Gelenke hat jeder Zehe?

Warum haben die Zehen Gelenke?

Was steht vorne an den Zehen?

Wie heißt der Teil des Vogels, an welchem alle Gliedmaßen stehen?

Wie heißt der obere Teil?

Wie der untere?

Wie heißt der Vorderteil des untern Teils?

Was für eine Farbe hat der Rücken?

Und die Brust?

Und der Bauch?

Wie heißen die Federn hinten am Rumpfe?

Wie viel sind es Schwanzfedern?

Wie heißen hier diese Federn über den Schwanzfedern?

Und diejenigen, die unter den Schwanzfedern sind?

Was ist das für eine fleischichte Erhöhung über den Schwanzfedern?

Wozu nützt die Fettdrüse?

Jetzt drehe dich um, Adolf, und beschreibe mir den Kanarienvogel!

Was für ein Tier betrachteten wir gestern?

Nenne mir jeder etwas, was der Kanarienvogel mit dem Frosche gemein hat!

Nenne mir jeder etwas, wodurch der Kanarienvogel von dem Frosche unterschieden ist!

Dies ist nur ein Wink, wie der Unterricht über Gegenstände aus dem Tierreiche kann angestellt und zur Übung jugendlicher Kräfte angewendet werden. Wer ihn versteht, wird die Fragen leicht noch mehr vervielfältigen können.

Es kann z. E. den Kindern noch vieles abgefragt werden, was sie von dem Vaterlande, der Nahrung, der Pflege, dem Nutzen und dem Handel wissen, der mit Kanarienvögeln getrieben wird; was die Kinder nicht wissen, wird von dem Lehrer hinzugesetzt.

Kann es nun wohl eine bessere Übung der jugendlichen Kräfte geben, als Betrachtung der Gegenstände aus dem Tierreiche? Sie hat für die Kleinen so vielen Reiz und gewöhnt sie daher leicht, ihre Aufmerksamkeit auf eine Sache eine Zeit lang zu heften; sie gewöhnt das Auge, die Dinge nicht obenhin, sondern genau anzusehen, und ein so geübtes Auge bemerkt tausend kleine Merkmale, die dem ungeübten Auge verborgen sind; die Sinnlichkeit übt sich, von den empfundenen Sachen sich richtige Vorstellungen zu machen; das Gedächtnis wird durch Auffassung der mannigfaltigen Benennungen der verschiedenen Teile des Tieres, und die Einbildungskraft durch Entwerfung eines richtigen Bildes von dem betrachteten Tiere, und der Verstand durch Beurteilung der Absichten eines Tieres und durch Aufsuchung der

Ähnlichkeit und Unähnlichkeit, die zwischen verschiedenen Tieren stattfindet, in Thätigkeit gesetzt.

Dies ist wohl ganz gut, wird man einwenden; aber woher sollen wir Tiere genug nehmen, um täglich eins zum Aufstellen zu haben?

Daran wird es, wenn nur der gute Wille da ist, gewiß nicht fehlen. Zwar kann ich nicht voraussetzen, daß jeder Erzieher mit einem Naturalienkabinette versehen sei; aber das große Naturalienkabinett, die Natur, steht ihm doch offen! Wenn er mit seinen Zöglingen in dieser fleißig sucht, so wird er gewiß vieles finden; und wenn er mit einigen Jägern, Hirten, Bauern u. dergl. in Verbindung tritt und sie zu bewegen sucht, die Tiere, die sie in ihre Gewalt bekommen, ihm zur Ausstellung in der Lehrstunde zu leihen, so wird er über den Stoff zu seiner naturhistorischen Lehrstunde nicht dürfen verlegen sein. Es ist diese Lehrstunde in hiesiger Anstalt gleich in den ersten Jahren ihres Daseins, da wir noch kein Naturalienkabinett hatten, täglich gegeben und täglich ein neues Tier aufgestellt worden.

Also, fragt jemand höhnisch, sollen wir den Ochsen, das Pferd, den Esel in das Lehrzimmer führen und den Kindern zur Betrachtung aufstellen?

Diese Frage verdient keine Antwort, da jeder Vernünftige gleich darauf verfallen wird, daß man die Kinder auch zu den Tieren führen kann, welche ihnen zuzuführen unschicklich sein würde. Man kann sie nach allen ihren Teilen und unterscheidenden Merkmalen betrachten, und dann in das Lehrzimmer zurückkehren, um über den betrachteten Gegenstand eine Unterredung anzustellen.

Woher sollen wir aber, fragt man weiter, die ausländischen Tiere bekommen?

Von Zeit zu Zeit werden ausländische Tiere zur Schau herumgeführt, die man dann mit seinen Zöglingen betrachten kann. Dies sind freilich nur wenige; es wird aber nichts schaden, wenn sie auch einen großen Teil derselben nie zu sehen bekommen. Der Zweck des Unterrichts in der Naturgeschichte soll ja bei Kindern nicht sein die Erlernung derselben, sondern — Übung ihrer Kräfte, wozu die naheliegende Natur hinlänglichen Stoff darbietet.

Um sich gegen Mangel desselben ganz zu sichern, muß man mit dem Unterrichte in der Tierkunde den Unterricht in der Pflanzenkunde verbinden, und diesen vorzüglich im Sommer, jenen im Winter treiben.

Diese Unterweisung kommt im wesentlichen mit dem Unterrichte in der Tierkunde überein. Der Hauptzweck ist — Kraftübung der Kinder. Das Mittel dazu ist Aufstellung einer Pflanze zum eignen Betrachten derselben.

Würde dieser Unterricht nun in Landschulen gegeben, deren Schüler sich wahrscheinlich in ihrer Gegend ansiedeln werden, so könnte man ja wohl mit den deutschen Benennungen der Pflanzen, die in dieser Gegend gewöhnlich sind, auskommen; erteilt man denselben aber Kindern, welche wahrscheinlich reisen und sich in verschiedenen Ländern niederlassen werden, so ist es besser, sie sogleich zu gewöhnen, die Pflanzen mit dem Linnéischen lateinischen Namen zu benennen.

Dies ist für Kinder zu schwer, sagt ihr. Ich sage aber, es ist nicht zu schwer. Sechs- bis achtjährige Kinder, Mädchen sowohl als Knaben, die ein halbes Jahr in meiner Anstalt in der Pflanzenkunde Unterricht erhalten haben, kennen beinahe alle Pflanzen, die in hiesiger Gegend wachsen, wissen sie Linnéisch zu benennen und freuen sich nicht wenig darüber, daß sie es können.

Freilich ist das Behalten der lateinischen und griechischen Benennungen anfänglich etwas schwer, aber eben deswegen ist es eine herrliche Gedächtnisübung.[19] Ein Kind, das ein paar tausend solche Namen gemerkt hat, wird leicht Wörter der Wissenschaften und fremden Sprachen auffassen, zu deren Erlernung es bestimmt ist.

Da die Linnéischen Benennungen von allen europäischen gebildeten Völkern angenommen sind, so ist es denen, die sie gefaßt haben, hernach auch möglich, sich in allen Weltgegenden über die Pflanzenkunde verständlich auszudrücken und, wenn sie in der Folge dieselbe weiter fortsetzen wollten, die Kunstsprache zu verstehen.

Da die Zahl der Pflanzen sehr groß und öftere Wiederholung nötig ist, wenn die Namen derselben sollen behalten werden, so ist es nötig, daß außer der Pflanze, die man in der Lehrstunde zur Betrachtung aufstellt, noch mehrere hingelegt und ihre Namen hergesagt werden.

Man thut wohl, wenn man diesen Unterricht in zwei Kursus einteilt. Im ersten wird der Bau der Pflanze, der sogleich in die Augen fällt, die Wurzel und ihre Form, der Stengel, die Blätter nach ihrer Form, Farbe und ihrem Stande, die Blattansätze, die Gabeln, die Blüten, ihre Form, ihr Stand, Kelch, Blumenkrone, Same, Frucht betrachtet; im zweiten aber wird dies alles wiederholt, und nun werden auch die Befruchtungswerkzeuge untersucht und der Pflanze die Klasse und Ordnung angewiesen, in die sie gehört.

Man wird leicht begreifen, wie unsäglich mannigfaltig die Übungen sind, die den Augen, dem Gefühle, dem Gedächtnisse, der Einbildungskraft und dem Verstande der Kinder bei dieser Gelegenheit verschafft werden können.

Um dies begreiflich zu machen, denke ich mir jetzt eine Klasse von Knaben, welcher im ersten Kursus Unterricht erteilt, und welcher Galeopsis ladanum zur Betrachtung vorgestellt wird.

Wie heißt diese Pflanze?

Galeopsis ladanum.

Was bemerkst du am Stengel?

Er ist holzig.

Ferner?

Gestreift.

Ferner?

Ästig.

Wie stehen die Äste?

Einander gegenüber.

Was steht an den Ästen?

Blätter.

Was für eine Farbe haben sie?

Grün.

Was für eine Form?

Lanzettförmig.

Was bemerkst du noch mehr an den Blättern?

Sie sind gezähnt.

Sonst nichts?

Gestielt.

Wie stehen sie?

Einander gegenüber.

Wie steht's mit den Blüten?

 Sie sind rachenförmig.

Wie stehen sie?

Wirtelförmig.

Was bemerkst du an dem Kelche?

Er ist fünfmal gezähnt.

Bemerkst du nichts an den Zähnen?

Sie haben Grannen.

Jetzt drehe dich um und beschreibe mir Galeopsis ladanum.

Galeopsis ladanum hat einen holzigen, gesteiften, ästigen Stengel. Die Äste stehen einander gegenüber. Die Blätter sind grün, lanzettförmig, gezähnt, gestielt, stehen einander gegenüber, die Blüten sind rachenförmig und stehen wirtelförmig; der Kelch ist fünfzähnig und die Zähne haben Grannen.

Gestern betrachteten wir Atropa Belladonna; worin sind beide Pflanzen einander ähnlich? worin unähnlich? u. s. w.

Nun werden die Namen aller Pflanzen, die auf dem Tische liegen, von demjenigen Schüler, der von der Pflanzenkunde die meisten Kenntnisse hat, laut und deutlich ausgesprochen und von der ganzen Versammlung laut nachgesprochen. Ferner wird von dem Lehrer eine Pflanze nach der andern genannt, und die Kinder müssen die genannten heraussuchen. Zur Abwechselung kann man auch einem Kinde leise den Namen einer Pflanze ins Ohr sagen, und die übrigen müssen erraten, welche es gewesen sei. Dadurch werden sie gereizt, die Namen immer zu wiederholen, ohne daß diese einförmige Beschäftigung sie ermüde.[20]

Diese Übungen können noch sehr vervielfältigt werden. Z. E. man kann bisweilen die Kinder auffordern, daß sie die vorgelegte Pflanzenreihe genau ansehen, sich umkehren und dann eine Anzahl in der Ordnung hersagen, wie sie daliegen. Eine herrliche Übung der Einbildungskraft und des Gedächtnisses! Ich habe bisweilen achtjährige Kinder in meiner Anstalt 40 Pflanzen in der Ordnung, in welcher sie auf dem Tische lagen, mit weggewandtem Gesichte hersagen hören. Oder man kann die ganze Klasse die Hände auf den Rücken legen lassen, jedem Kinde ein Blatt von einer Pflanze darein legen und sie durch das Gefühl erraten lassen, von welcher Pflanze es sei u. s. w.

Im zweiten Kursus können alle diese Übungen wiederholt und nun auch die Befruchtungswerkzeuge, die Merkmale der Klasse und Ordnung, zu welcher die Pflanze gehört, aufgesucht werden. Um die Kinder in der Klassifizierung zu üben, kann man bisweilen den Namen einer Pflanze auf ein Papier schreiben, das Papier umwenden und die Kinder reizen, die Pflanze, deren Namen man aufgeschrieben hat, durch die Klassifizierung zu erraten.

Diese Methode ist höchst einfach, hat für die jungen Leute vielen Reiz und ist eine vortreffliche Verstandesübung.

Z. E. Ich schreibe auf das Papier Galeopsis ladanum und fordere Fritzen auf, zu erraten, was für eine Pflanze ich aufgeschrieben habe. Er wird, wenn er einigermaßen geübt ist, folgende Fragen thun:

Gehört die Pflanze in eine von den ersten zwölf Klassen?

Nein.

In eine von den ersten sechs der zweiten zwölf Klassen?

Ja.

In die dreizehnte?

Nein.

In die vierzehnte?

Ja.

In die erste Ordnung?

Ja.

Mentha?

Nein.

Prunella?

Nein.

Ajuga?

Nein.

Thymus?

Nein.

Galeopsis?

Ja.

Tetrahit?

Nein.

Ladanum?

Getroffen.

Welche Freude für Fritzen, daß er durch so wenige Fragen aus den vielen hundert Pflanzen, die ihm bekannt sind, diese einzige, deren Namen ich mir niedergeschrieben hatte, sogleich herausfinden konnte.

Hierbei muß ich aber vor einer Verirrung warnen, deren mancher Erzieher sich wahrscheinlich schuldig machen wird, — man hüte sich, den Kindern Vergrößerungsgläser in die Hände zu geben, um die Klassen- und Ordnungsmerkmale der Pflanzen zu untersuchen. Die Cryptogamia stelle man also gar nicht zur Betrachtung auf und lasse auch diejenigen Pflanzen nicht besonders untersuchen, deren Merkmale mit unbewaffneten Augen nicht entdeckt werden können, sondern sage ihnen nur, in welche Klasse und Ordnung sie gehören. Diese alle liegen im eigentlichen Verstande außerhalb des Gesichtskreises der Kinder. Sie sollen die Pflanzen kennen lernen, um daran ihre Kräfte, besonders aber ihr Empfindungsvermögen[21] zu üben; durch den Gebrauch der Vergrößerungsgläser wird aber ein Teil derselben, das Gesicht, abgestumpft. Sollte einer oder der andere in der Folge sich der Pflanzenkunde ausschließend widmen, so ist es noch immer Zeit genug, mit Vergrößerungsgläsern seine Untersuchungen fortzusetzen und so dem allgemeinen Besten die Schärfe seines Gesichtes aufzuopfern.

Mehrere Väter, wenn sie dies lesen, werden sagen: wozu dies alles? Mein Sohn soll kein Naturforscher, kein Botaniker, er soll Soldat oder Kaufmann oder Gelehrter werden. —

Wir sind vollkommen einerlei Meinung, liebe Freunde. Eure Kinder sollen gar nicht in der Absicht zur Betrachtung der Natur angeleitet werden, damit sie sich der Naturforschung überhaupt und der Pflanzenkunde besonders widmen, sondern daß sie bei der Betrachtung der Natur ihre Kräfte, ihr Empfindungsvermögen, Gedächtnis, Einbildungskraft und Verstand üben sollen, die sie in jeder Lage, in die sie kommen werden, so nötig haben. Ein junger Mensch, der seine Kräfte auf diese Art ausgebildet hat, faßt mit denselben in der Folge leicht alles auf, was ihm gelehrt wird, er geht mit offenen Augen durch die Natur, sieht alles, was darin merkwürdig ist, weiß die feinsten Merkmale aufzufinden, wodurch sich die Sachen voneinander unterscheiden, und sieht tausend Dinge, die den Augen anderer verborgen bleiben. Ich führe jetzt Fritz und Kilian, davon der erste auf vorbeschriebene Art geübt, der andere aber von der Übung zurückgehalten und an Bücher gefesselt wurde, in die Natur.

Was siehst du hier, Kilian? frage ich. Gras, erhalte ich zur Antwort.

Was siehst du, Fritz? frage ich weiter.

Dactylis glomerata, Cynosurus cristatus, Bromus mollis, Aira flexuosa, Rhinantus crista galli etc.

Ich möchte, daß diese Übung so lange als möglich fortgesetzt würde, und da dieselbe durch die Mannigfaltigkeit der aufgestellten Gegenstände sehr befördert wird, so schlage ich vor, daß man, nachdem man mit der Betrachtung der Erzeugnisse der Natur sich eine Zeitlang beschäftigt hat, nun auch die Betrachtung der Erzeugnisse des menschlichen Verstandes, der Werkzeuge, Gefäße, Kleidungsstücke und Hausgeräte damit verbinde, eins derselben nach dem andern aufstelle und die Kinder gewöhne, an demselben alle Teile, Formen und Absichten zu bemerken.

Wenn man die Sache ernstlich angreift, so wird man sich wundern, wie viel an den gewöhnlichsten Dingen zu bemerken und zu unterscheiden ist.

Zum Beispiele füge ich den Entwurf zu einer Unterredung über die Handsäge bei, so wie ihn mein Gehilfe Märker niedergeschrieben hat.

Die Handsäge ist neu, groß, schwer, brauchbar (nützlich).

Das Sägeblatt ist stählern, lang, breit, neu, glatt, dünn.

Die Zähne des Sägeblattes sind scharf, geschränkt, dicht, kurz.

Die Angeln des Sägeblattes sind lang, schmal, dünn.

Das Gestell der Säge ist hölzern, neu, groß, zusammengesetzt.

Die Arme des Gestells sind hölzern, gebogen, dick, lang, breit.

Die Zapfenlöcher der Arme sind rund, groß.

Die Handgriffe der Säge sind hölzern, kurz, rund, dick.

Die Zapfen der Handgriffe sind kurz, walzenförmig, dick, eingeschnitten.

Der Steg der Säge ist hölzern, lang, dick, gerade.

Die Schnur der Säge ist hanfen, lang, stark, gespannt, zusammengedreht, neu.

Der Spanner der Säge ist hölzern, lang, keilförmig, schmal, dünn.[F]

So wie nun die Betrachtung der Natur und Kunst als Erziehungsmittel gebraucht werden soll, so muß man sich bemühen, allem übrigen Unterrichte eine solche Form zu geben, daß dadurch dieser Zweck befördert, die Kräfte geübt, die Kinder erzogen werden.

Auf ähnliche Art, wie bei Betrachtung der Natur und Kunst, muß auch bei dem übrigen ersten Unterrichte alles zur Anschauung, wo nicht zur äußerlichen, doch zur innerlichen gebracht werden. Bei dem Sprachunterrichte z. E. muß man anfänglich lauter solche Bücher gebrauchen, bei deren Lesung nur Vorstellungen in der jungen Seele erregt werden, die sie entweder selbst durch die Anschauung bekommen hat und sie also leicht wieder hervorbringen kann, oder die doch mit denselben in Verwandtschaft stehen. Benennungen von übersinnlichen Gegenständen dürfen darin gar nicht vorkommen. Töne, mit denen das Kind nicht sogleich eine Vorstellung verbinden kann, haben für dasselbe keinen Reiz, es hat keine

Neigung sie aufzufassen, und — wenn es sie auffaßt, so nützen sie ihm nichts, weil es dabei gar nichts oder etwas ganz Falsches denkt.[22] Ebendeswegen darf mit Kindern anfänglich noch keine Grammatik getrieben werden.

Dies wird jetzt ziemlich allgemein angenommen, indem in mehreren, in lebenden Sprachen aufgesetzten Lesebüchern für Kinder ein Bestreben sichtbar ist, die Kinder über Dinge zu unterhalten, die innerhalb ihres Gesichtskreises liegen. In der lateinischen Sprache sind solche Bücher schon seltener, und von den wenigen, welche vorhanden sind, wird nicht immer Gebrauch gemacht. Man schreitet bei dem Unterrichte in dieser Sprache zu schnell zu dem Lesen römischer Schriftsteller, wo eine Menge Wörter vorkommen, zu denen den Kindern die Vorstellung fehlt, und dies ist gewiß eine Hauptursache, warum man bei vielen so wenig Lust zur Erlernung dieser Sprache bemerkt. Ebendeswegen wird es immer gewöhnlicher, diejenigen Knaben, die nicht zum Studieren bestimmt sind, von Erlernung dieser Sprache loszuzählen. Ich kann dies nicht billigen. Mehrere europäische Sprachen sind doch aus dieser entstanden, und werden leichter gelernt, wenn man in jener einen guten Grund gelegt hat; überdies ist sie nun einmal so allgemein, daß man nicht leicht ein Buch in neueren Sprachen lesen kann, in welchem sich nicht hier und da Brocken davon befänden, welche Lesern, die damit ganz unbekannt sind, immer Steine des Anstoßes sein müssen. Dadurch wird es notwendig, daß den gebildeten Ständen diese Sprache nicht ganz fremd sein darf. Hätte der Erzieher so viel Kenntnis der lateinischen Sprache, daß er über die aufgestellten Gegenstände der Natur und Kunst, über merkwürdige Vorfälle in der Familie, kurz über Dinge, die den Kindern anschaulich wurden, im leichten, aber echten Latein Aufsätze niederschreiben könnte, sie den Kindern vorlese, von ihnen laut nachsprechen und in das Deutsche übersetzen ließe, so würde er davon großen Nutzen verspüren. Es würde den Kindern Vergnügen machen, sie würden eine Menge lateinische Wörter behalten, mit einigen Eigenheiten der Sprache bekannt werden und bei dem künftigen Lesen der lateinischen Schriftsteller weniger Schwierigkeiten finden.[23]

Schriebe ich ein Buch über die Erziehung der Kinder, so müßte ich mich noch über den ganzen Unterricht ausbreiten, den Kinder erhalten sollen: da ich aber von der Erziehung der Erzieher handle, so ist dies Wenige genug, ihnen einen sehr bedeutenden Wink zu geben, was junge Männer, die sich der Erziehung widmen, eigentlich zu erlernen haben.

Wenn ich, liebe Freunde, sehe, wie bei weitem die meisten von euch sich zu ihrer Bestimmung vorbereiten, so kann ich nicht anders, als euch und die armen Kleinen, die eurer Aufsicht werden anvertraut werden, bemitleiden. Ihr lernt die alten Sprachen, etwas Geographie, Geschichte und Mathematik, höchstens etwas Französisch und Musik, hört einen philosophischen und theologischen Kursus und glaubt nun, euch zu Erziehern gebildet zu haben.

Wenn man euch nun den Franz, Robert, Stephan, fünfjährige Knaben, zur Erziehung übergiebt, was wollt ihr denn mit ihnen anfangen? Was von aller eurer Gelehrsamkeit könnt ihr denn in diesem euern Wirkungskreise benutzen? Fast gar nichts. Diese Kleinen hängen noch ganz an der sichtbaren Welt, durch deren Betrachtung sich ihr edlerer Teil entwickeln und für übersinnliche Vorstellungen Empfänglichkeit erwerben soll, und ihr — seid in der sichtbaren Welt Fremdlinge. Die Dinge, die euch täglich umgeben, sind euch unbekannt, und ihr wißt von vielen nicht einmal den Namen anzugeben. Da geht ihr dann mit euren Kleinen durch die Natur, wie ein Landmann durch die Dresdner Bildergalerie. Ei sehen Sie, sagt Robert, den Vogel, der hier auf dem Aste sitzt! Wie heißt er? — Ich kenne ihn nicht, ist die Antwort. Freudig kommt Franz gehüpft mit einer Blume in der Hand und fragt: Kennen Sie diese Blume? Es erfolgt die nämliche Antwort.

Nun geht es in die Lehrstunde. Blumen und alles, was die Kinder aus der sichtbaren Welt aufgerafft haben, wird ihnen weggenommen, der Trieb nach Anschauung, der bei ihnen so stark ist, wird erstickt; ihr gebt ihnen statt Blumen Bücher in die Hände, und stellt ihnen statt Sachen Zeichen der Sachen auf, zu deren Erlernung sie keine Lust besitzen.[24] Da verbreitet sich denn über die Verbindung, in welcher ihr so glücklich leben könntet, Mißvergnügen; die Kinder können einen Mann nicht lieb gewinnen, der sie nicht auf eine ihnen angenehme Art zu unterhalten weiß, und ihr betrachtet eure Kinder mit Mißfallen, bei denen ihr mit eurem Unterrichte wenig oder gar nichts bewirket.

Folgt also, Freunde, dem Rate eines alten Erziehers, und macht euch mehr mit der sichtbaren Welt bekannt, nach der Anweisung, die ihr im folgenden Abschnitte finden werdet.

Jetzt denke ich mir nun einen Erzieher, der sich nach meinem Wunsche bildet, in dem Kreise seiner Zöglinge, Einen Gegenstand nach dem andern, aus dem Tier- und Pflanzenreiche und den Werkstätten der menschlichen Kunst, stellt er ihnen vor, fesselt ihre Aufmerksamkeit daran, unterhält sich mit ihnen darüber auf eine für beide Teile sehr angenehme Art, übt das Empfindungsvermögen und mehrere Seelenkräfte der Kleinen und spürt davon schon in den ersten Tagen die wohlthätigsten Wirkungen. Mit dieser Beschäftigung füllt er täglich ein paar Stunden aus.

Da aber jeder Tag mehr als zwei Stunden hat, so fragt es sich, was soll in den übrigen Stunden mit den Kindern vorgenommen werden? Das ist die schwere Frage, die sich nur wenige Erzieher lösen können. Unterhalten Sie mich doch, lieber Herr Richard! sagte einmal ein kleiner Junker, der von Langeweile geplagt wurde, zu seinem Hofmeister. War dieser Wunsch unbillig? Muß man den kleinen Mann nicht lieb gewinnen, der einen Ekel gegen die Langeweile bezeigt?

Aber in welche Verlegenheit muß der Erzieher bei diesem so billigen und gerechten Wunsche der Kinder geraten? Kinder fünf bis sechs Stunden des Tages zu unterhalten, ist fürwahr kein leichtes und angenehmes Geschäft. Denn womit soll man die Kinder unterhalten? Mit Erzählen? Dies ist eine so angenehme als nützliche Unterhaltung, wenn man etwa eine Viertelstunde täglich darauf verwendet. Aber immer erzählen, ermüdet die Kinder, sowie den Erzieher. Bilder erklären? Hiermit hat es die nämliche Bewandtnis. Bücher zu lesen geben? Kinder von so zartem Alter können noch nicht lesen. Es gehört dazu nicht nur das deutliche Aussprechen der Zeichen, sondern auch das richtige Vorstellen der dadurch bezeichneten Sachen. Sie spielen lassen? Auch dies bekommen sie bald überdrüssig. Ja, wenn man sie mit Nüssen und Mandeln versieht und ihnen Karten und Würfel in die Hände giebt, so werden sie sich damit mehrere Stunden auf eine ihnen sehr angenehme Art zu unterhalten wissen; wer sieht aber nicht, daß ihnen dies eben so nachteilig sei als Mohnsaft, dessen die Kinderwärterinnen sich oft bedienen, um die Kinder zur Ruhe zu bringen.

Merket auf! Außer dem Vermögen zu empfinden, sich vorzustellen und zu urteilen, regen sich in den Kindern noch verschiedene Kräfte, die nach Übung streben. Daher die beständige Unruhe der Kinder, die den Erziehern so lästig ist; daher die beständigen Ermahnungen: stille, Kinder! seid ruhig! die die Kinder verstimmen und die Gegenwart der Erzieher ihnen höchst lästig machen.

Schafft doch den nach Übung strebenden Kräften der Kinder hinlängliche Übung, und ihr werdet gewiß finden, daß sie sich auf eine angenehme und nützliche Art zu unterhalten wissen, euch nicht mehr lästig sein, sondern vielmehr die angenehmste Aufheiterung verschaffen werden.

Wie sollen wir, fragt ihr, dies anfangen? Dies ist nun eure eigene Sache. Wenn ihr auf die Wünsche eurer Zöglinge, auf ihre tägliche Lage merkt, so werdet ihr Gelegenheit genug finden, sie zu beschäftigen.

Hier sind indes einige Winke.

In den Lehrstunden verlangt ihr, daß sie stets ruhig sein und stille sitzen sollen. Gegen diese Forderung strebt ihre ganze Natur, die durchaus regsam, zur Thätigkeit geneigt und abgeneigt ist, sich bloß leidend zu verhalten. Ihr werdet die Kinder verdrossen machen und Widerwillen gegen euch erregen, wenn ihr auf eurer Forderung zu streng besteht. Sucht sie in beständiger Thätigkeit zu erhalten, so werdet ihr beide miteinander zufrieden sein.

Haltet ihnen also keine Vorlesungen, verlangt nicht von ihnen, daß sie euch bloß zuhören sollen, sondern laßt euern Vortrag eine beständige

Unterredung sein, an welcher bald dieser, bald jener teilnehmen muß, laßt nach Pestalozzischer Lehrart die ganze Versammlung von Zeit zu Zeit nachsagen, was ihr vorgesagt worden.[G]

Wird ein Unterricht erteilt, an welchem die Kinder nicht mit den Augen, sondern nur mit den Ohren und Sprachwerkzeugen teilnehmen, so wird das Zeichnen der Linien, Winkel und Quadrate nach Pestalozzischer Art, während des Unterrichts, ihre Hände von allen Spielereien abziehen, und ihnen eine unterhaltende und nützliche Beschäftigung gewähren.

Aber außer den Lehrstunden, was sollen wir, fragt ihr, dann mit unsern Zöglingen anfangen?

Höret nur auf ihre Wünsche, so werden sie euch schon selbst dazu Anleitung geben. Einmal wollen sie ein Schiffchen haben, das auf dem Bache schwimmen soll, ein andermal Knallbüchsen, Handspritzen, Bogen und Pfeile, Drachen u. dgl. Von solchen Kindereien suchen nun überweise Erzieher sie abzubringen und verleiden so ihnen und sich selbst das Leben; der wahre Erzieher freut sich aber allemal, so oft er solch einen Wunsch bei seinen Kindern bemerkt, und ist bereit, ihnen Rat und Anweisung zu geben, wie sie sich die gewünschten Sachen selbst verfertigen können. Selbst verfertigen, sage ich.

Das Selbstverfertigen, anfänglich von allerlei Spielwerk und in der Folge von wirklich nützlichen Werkzeugen und Geräten, ist ein so nützliches und angenehmes Geschäft, daß ich es zu einer unerläßlichen Forderung an alle Anstalten, wo die Kinder zweckmäßig erzogen werden sollen, mache, daß ihnen Anleitung und Gelegenheit zum Selbstverfertigen gegeben werde.

Dazu gehört denn freilich eine Werkstatt, mancherlei Werkzeuge und Materialien und Anweisung, davon Gebrauch zu machen. Hat es der Erzieher dahin gebracht, daß seine Zöglinge nach geendigten Lehrstunden mit ihren Händen sich beschäftigen und ihre kleinen Wünsche ausführen können, so hat er gewonnen Spiel. Das schwere Geschäft, sie zu unterhalten, ist ihm abgenommen, sie unterhalten sich selbst — er ist bloß Zuschauer und Ratgeber. Der Gewinn, der für die Kinder daraus entspringt, ist unbeschreiblich groß.

Erstlich wird ihr Thätigkeitstrieb befriedigt und allen den Ausschweifungen, die aus dem gehemmten Thätigkeitstriebe zu entspringen pflegen, ist vorgebeugt. Zehn Kinder an der Werkstatt sind leichter zu lenken, als drei, die nicht wissen, was sie thun sollen. Zweitens befinden sich die Kinder dabei so wohl; denn ist denn das nicht das reinste innigste Vergnügen, wenn man gewissen vorgesetzten Zwecken sich immer mehr nähern kann und sie endlich ganz erreicht? Jetzt ist das Schiff fertig, an dem die Kleinen seit einiger Zeit arbeiteten — jetzt wird es vom Stapel gelassen — wird auf den Bach gebracht, auf dem es nun segeln soll. Mit welchem Frohlocken geschieht es! So etwas müßt ihr selbst gesehen haben, liebe Freunde, um euch zu überzeugen, wie ungemein wichtig es sei, Kindern Gelegenheit zu geben, selbst etwas zu verfertigen.

Drittens werden dabei so viele Kräfte geübt. Der Geist, der bei der sonst üblichen Lehrart immer dressiert wird, nach fremden Vorschriften zu handeln, lebt dabei auf, faßt eigene Ideen und erfindet Mittel, sie auszuführen. Das Auge übt sich, die Größen zu messen, um jedem Teile des auszuführenden Werkes das nötige Verhältnis zum Ganzen zu geben; und die Muskeln der Hände werden auf so mannigfaltige Art geübt, daß sie hernach bei den mannigfaltigen Vorfällen des menschlichen Lebens, in den Verlegenheiten, in die man oft gerät, sich selbst zu helfen imstande sind, ohne daß sie immer nötig haben, zu fremder Hilfe ihre Zuflucht zu nehmen. Ein Mann, der seinen Händen nicht mancherlei Geschicklichkeiten in der Jugend erworben hat, ist nur ein halber Mann, weil er beständig von anderen Leuten abhängig ist.

Wahrscheinlich befinden sich neun Zehnteile der Leser mit mir in diesem Falle. Diese frage ich auf ihr Gewissen, ob sie nicht viel drum gäben, wenn sie in ihrer Jugend Anweisung bekommen hätten, mit ihren Händen etwas zu verfertigen?

Die Einwendungen, die dagegen werden gemacht werden, sind mannigfaltig, und ich habe nicht Lust, mich mit Aufzählung und Widerlegung derselben aufzuhalten. Die meisten derselben werden doch daher rühren, weil die wenigsten Herren Erzieher Handarbeit gelernt haben und deswegen diese Erziehungsart verschreien und lächerlich zu machen suchen. Was würde ich denn bei ihnen ausrichten, wenn ich mit ihnen darüber streiten wollte?

Mit vieler Beredsamkeit suchte einst ein Prediger einige seiner Zuhörer von einer gewissen übeln Gewohnheit abzubringen. Herr Pfarrer! sagten sie, als er ausgesprochen hatte, recht mag er wohl haben, aber wir thun es doch nicht. So möchte es mir auch wohl gehen.

Ein paar Einwendungen kann ich aber doch nicht mit Stillschweigen übergehen, da sie vielen Schein haben. Sie sind diese: Wenn man die Kinder mit Handarbeiten beschäftigt, so geht zu viele Zeit verloren, und sie verlieren die Lust zum Erlernen der Sprachen und Wissenschaften.

Dies möchte freilich wohl vielmal der Fall sein, wenn man den Kindern die freie Wahl ließe, ob sie einen schriftlichen Aufsatz verfertigen oder mit Handarbeit sich beschäftigen wollten. So meine ich es aber nicht. Nur die Freistunden sollen dazu angewendet werden. Je jünger der Zögling ist, desto mehr bedarf er Freistunden oder Stunden, in denen er von Geistesarbeiten frei ist; je mehr sich hingegen des Geistes Kräfte entwickeln, desto mannigfaltigere und anhaltendere Beschäftigungen kann man ihm geben, desto mehr mindert sich auch die Zahl der Freistunden.

Die zweite Einwendung, die man machen könnte, ist diese: Zu Handarbeiten ist doch der Gebrauch von allerlei scharfen und spitzigen Instrumenten nötig — wie leicht kann sich ein Kind damit gefährlich verwunden!

Möglich ist dies freilich. Allein der öftere Gebrauch der scharfen Werkzeuge lehrt auch zugleich die dabei nötige Vorsicht. Und die Erfahrung — diese ist doch sicher auf meiner Seite. Hört man nicht immer von Kindern, die sich gefährlich verwundeten, und die nie zur Handarbeit Anleitung bekamen? Und bei meinen Zöglingen, die so mancherlei spitzige und scharfe Werkzeuge in Händen haben, ist noch nie eine gefährliche Verwundung vorgefallen.

Wenn es also schlechterdings nötig ist, den Kindern Anleitung zu geben, selbst mit ihren Händen etwas zu verfertigen, so begreift ihr von selbst, die ihr euch der Erziehung widmet, daß ihr verbunden seid, Handarbeit zu erlernen. Es giebt da keinen Ausweg. Entweder ihr müßt euch entschließen, eure Zöglinge den ganzen Tag zu unterhalten und den Thätigkeitstrieb, der sich in ihren Händen regt, zu lähmen, oder — ihr müßt euch in allerlei Handarbeiten selbst suchen Geschicklichkeit zu erwerben.[27]

Können wir, sagt ihr vielleicht, nicht Handwerksleute annehmen, die in unserer Gegenwart den Zöglingen die nötige Anweisung geben? Versucht es, und ihr werdet dann alle die Unannehmlichkeiten selbst finden, die aus solchen Verbindungen zu entspringen pflegen.[H]

Ich komme auf den wichtigsten Teil der Erziehung, auf die Gewöhnung zur Sittlichkeit, oder nach gewissen richtigen Regeln zu handeln. Wo diese fehlt, hat die übrige Erziehung wenigen oder gar keinen Wert. Ich denke mir jetzt einen Jüngling, der unter den Händen seines Erziehers gesund und stark wurde, sich mancherlei Geschicklichkeiten erwarb, alle seine Geisteskräfte durch Übung entwickelte, der nun aber alle diese Vorzüge anwendet, seinen Lüsten Befriedigung zu verschaffen — was ist denn durch die Erziehung gewonnen worden? Für ihn nichts, ihm fehlt ja die eigentliche Menschenwürde, die in der Freiheit oder in der Kraft besteht, seine Lüste zu beherrschen und nach richtigen Grundsätzen zu handeln; und glückselig wird er nie, da es für den Menschen keine andere Glückseligkeit giebt, als die aus dem Bewußtsein entspringt, seine Pflicht erfüllt oder nach richtigen Grundsätzen gehandelt zu haben. Und für die menschliche Gesellschaft thut er auch wenig. Er wird für sie nichts thun, wenn dadurch seinen Lüsten nicht Befriedigung verschafft wird, und wird dadurch Unheil stiften, wenn er damit zu seinem Zwecke kommen kann. Je mehr seine Kräfte ausgebildet sind, desto überlegener ist er andern, desto weniger können sie ihm widerstehen, desto gefährlicher ist er für die Gesellschaft.

Was soll ich dies weitläufiger ausführen? Diese Wahrheit ist bereits fast allgemein anerkannt, und man findet sie fast in allen Büchern, die über die Erziehung geschrieben sind. Wie steht es aber mit der Befolgung? Zeigen sich nicht allenthalben moralische Ungeheuer, auf deren Unterricht und Kraftentwickelung doch viel Fleiß gewendet wurde? Man sucht die Ursache davon teils in dem Verderben der menschlichen Natur, teils in der Mangelhaftigkeit der sittlichen Grundsätze, die ihnen mitgeteilt wurden; ich hingegen glaube ihn mehr in einer fehlerhaften Behandlung des jungen Menschen gefunden zu haben.

Ich will darüber mit niemandem rechten; man erlaube mir aber meine eigene, auf Erfahrung gegründete Meinung vorzutragen.

Der neugeborne Mensch kann noch nicht gehen, und das Prinzip seiner Handlungen sind seine Empfindungen. Was ihm angenehme Empfindungen verursacht, begehrt, was unangenehme Empfindungen bewirkt, das flieht er. Da ist keine Rücksicht auf Religion oder Moral sichtbar. Will man dies moralisches Verderben nennen, nun so thue man es; man erlaube mir aber dann auch, daß ich das Unvermögen zu gehen, das man an dem jungen Menschen bemerkt, das physische Verderben der menschlichen Natur nenne.

Seitdem man die Laufzäume und Gängelwagen abgeschafft hat, verliert sich das physische Verderben der Natur nach und nach, und die Kinder lernen erst gehen, dann sogar laufen und springen. Schafft die moralischen Gängelwagen und Laufzäume ab, und der moralische Mensch wird sich ebenso gut von selbst entwickeln und erst gut, dann edel zu handeln anfangen.

Und was sind denn die moralischen Gängelbänder? Die Gebote und Verbote und die künstlichen Mittel, wodurch man die Kinder an Befolgung derselben zu gewöhnen sucht.[28]

Der Mensch hat gegen alle Gebote und Verbote, insofern sie es sind, eine natürliche Abneigung. Er will immer gern seinen eigenen Willen thun; zweifelst du daran, mein Leser, so bemerke nur selbst, was in dir vorgeht, wenn deine Freiheit durch Gebote und Verbote eingeschränkt wird. So wie bei den Kindern die Menschwerdung eintritt, wie die Geisteskräfte sich entwickeln, zeigt sich auch die Abneigung gegen Gebote und Verbote. Wenn man nun durch Gebote und Verbote und durch die damit verknüpften Strafen und Belohnungen sie zu gängeln sucht, so entsteht Unwille und Abneigung gegen den Befehlshaber, es regt sich ein Bestreben, seinen Gesetzen auszuweichen, und wenn die Verbindung mit dem Gesetzgeber aufhört, dann zeigt sich Zügellosigkeit, weil nichts mehr da ist, das verhinderte, die Wünsche, die sie seither bei sich hegten und unterdrücken mußten, zu befriedigen.

Man lasse daher das Kind immer seinen eigenen Willen thun, so wird es gut werden.

Ihr entsetzt euch über diese Behauptung? Ihr fragt, wozu es der Erzieher bedürfe, wenn das Kind immer seinen eigenen Willen thun sollte?

Liebe Freunde! Leset das, was nun folgt, mit einiger Aufmerksamkeit, und ich will mich bemühen, so deutlich zu sprechen, als es mir möglich ist, so werden wir hoffentlich am Ende einander die Hände geben und miteinander eins sein.

Meine Meinung ist diese: Der Erzieher soll den Zögling dahin zu bringen suchen, daß er selbst das Gute wolle und es thue, nicht deswegen, weil es ihm von anderen geboten und das Gegenteil verboten wird, weil er von der Befolgung des Gebots Belohnung, von der Übertretung Strafe zu erwarten hat, sondern weil er es selbst will.

Sind wir nun miteinander eins? Ich hoffe es.

Die Frage ist nur, wie man das Kind dahin bringe, daß es das Gute wolle; dies ist schwer und nicht schwer, je nachdem man es angreift.

Nach meinen Erfahrungen gehört dazu zweierlei:

1. Daß man dem Kinde stets die Wahrheit sage oder ihm von seinen Pflichten die richtige Ansicht gehe.

2. Daß man es dahin bringe, daß es die Wahrheit einsehe.

Hat man es dahin gebracht, so will es das Gute und bedarf nur einer kleinen Erinnerung von Zeit zu Zeit, um es von seinen Verirrungen, die freilich nicht fehlen werden, zurückzubringen.

Man sei also stets wahr in seinen Ermahnungen! Die Kinder haben für die Wahrheit einen ungemein feinen Sinn, der ihnen aber auch jede Unwahrheit bemerkbar macht. Wer also durch Unwahrheit seine Zöglinge zum Guten zu lenken sucht, wird sein Ziel gewiß verfehlen.

Schreie nicht, mein Kind! sagte einst eine Mutter, als sie ihr weinendes Kind durch das Feld führte, es sind Mäuse hier im Acker, die kommen hervor, wenn sie dich schreien hören, und beißen dich.

Wer sieht nicht das Unvernünftige und Unwahre dieser Vorstellung? Das Kind schwieg ein paar Augenblicke. Da ihm aber dann wieder ein paar Schreie entfuhren, und keine Maus sich zeigte, so schrie es weit stärker als zuvor.

Handeln denn die Erzieher aber vernünftiger, die ihren Zöglingen von der Erfüllung der Pflichten Folgen versprechen, die höchst zufällig sind, und wegen Verletzung derselben ihnen Strafen drohen, die so selten sich einfinden, als ein weinendes Kind von einer Maus gebissen wird?

Fallen nicht ferner diejenigen Erzieher in eben diesen Fehler, die ihren Zöglingen manches zur Pflicht machen, wozu sie doch nicht verbunden sind? Müssen sie denn nicht lauter falsche Gründe anführen, um ihre Forderungen zu beschönigen?

Willst du z. E. deinen lügenhaften Zögling dahin bringen, daß er die Wahrheit rede, so kannst du sagen, auf eine Lüge gehört eine Maulschelle, und es ihm auch sogleich fühlbar machen. Was wirst du damit ausrichten? Er wird gegen dich erbittert werden, aber die Neigung zur Unwahrheit wird bleiben.

Oder du kannst sagen, wer lügt, der stiehlt, und wenn du so zu lügen fortfährst, so wirst du ein Dieb und kommst an den Galgen. Ist denn dies wahr?

Oder du kannst etwas nachdrücklich sagen: „Kind! Wenn du lügst, so glaubt man dir nicht mehr. Dies wäre für dich ein großes Unglück."

Dies ist wahr, und daß es wahr sei, begreift das Kind leicht.[29]

Aber wenn man ihm die Verbindlichkeit, sich aller Bewegungen im Freien zu enthalten und acht Stunden täglich stille zu sitzen, begreiflich machen will, wie soll man dies anfangen, ohne die Unwahrheit zu reden? Und wie kann man einem Kinde zumuten, zu glauben, was nicht wahr ist, und danach zu handeln?

Wenn man Kindern die Wahrheit begreiflich machen will, nach welcher sie handeln sollen, so vergesse man ja nicht, wen man vor sich habe — nicht Menschen, sondern Geschöpfe, die imstande der Menschwerdung sich befinden, bei denen die Vernunft noch klein ist. Alle langen zusammenhängenden Ermahnungen, alle abstrakten Grundsätze, die nur mit der Vernunft können gefaßt werden, sind unwirksam. Die Kinder verstehen nichts davon.

Sie haben aber eine Nachahmungsbegierde, die sie geneigt macht, alles, was ihnen an andern gefällt, nachzuthun. Diese muß in Anspruch genommen werden. Man muß ihnen in wahren oder erdichteten Erzählungen von der Handlungsart, zu welcher man sie bringen will, Muster vorstellen und sie so lebhaft schildern, daß sie glauben dieselben vor sich stehen zu sehen, und so gefällig, daß in ihnen der Entschluß entsteht, ebenso zu handeln. Dabei muß man sich hüten, die Anwendung geradezu auf sie zu machen und sie zu ermahnen, ebenso zu handeln. Denn die Kinder sollen ihren eignen Willen thun. Wenn man sie nun die Anwendung auf sich selbst machen läßt, und sie fassen dann selbst den Entschluß, so zu handeln, so thun sie ihren eignen Willen.

Ich habe von der Wirksamkeit dieser Art des Unterrichts sehr viele Erfahrungen gemacht. Oft, nicht immer, aber oft, wenn ich eben recht aufgelegt war, in meiner Erklärung meines ersten Unterrichts in der Sittenlehre[30] meinen Zöglingen ein gewisses Muster recht darzustellen, umschlossen sie mich am Ende der Lehrstunde und baten: O Vater! Laß uns doch auch so handeln!

Die Kinder haben ferner Verstand, der auffaßt, was ihm anschaulich dargestellt wird. Dieser muß ebenfalls in Anspruch genommen werden. Man muß ihnen die Verbindlichkeit, so und nicht anders zu handeln, so anschaulich als möglich zu machen suchen. Sobald sie dieselbe gefaßt haben, ist auch gewiß der Entschluß da, darnach zu handeln.

Dazu gehört eine eigene Gewandtheit, die nur durch Übung erlangt werden kann. Zu allen Zeiten ist man nicht aufgelegt dazu, und da thut man besser, wenn man seinen Vortrag so lange verschiebt, bis man sich dazu aufgelegt fühlt. Dann kann man aber auch Wunder thun.

Von den vielen Erfahrungen, die ich in dieser Rücksicht gemacht habe, will ich nur eine anführen, die ich neuerlich zu machen Gelegenheit hatte. Vor einiger Zeit riß bei meinen Pflegesöhnen die üble Gewohnheit ein, daß sie immer die Schlüssel zu ihren Schränken und Kisten verloren. Da sie einen gefälligen Schlosser zur Seite hatten, der ihnen sogleich drei Schlüssel auf einmal verfertigte, so legten sie auf dieselben gar keinen Wert mehr. Ich konnte ihnen deswegen scharfe Verweise geben, konnte auf das Schlüsselverlieren eine große Strafe setzen und noch mancherlei thun, das nichts würde gewirkt haben. Aber eben deswegen, weil ich vorhersah, daß dies alles nichts helfen würde, that ich lieber gar nichts und ließ sie eine Zeitlang Schlüssel verlieren, so viel sie wollten. Endlich fiel mir ein, wie ich ihnen die Verbindlichkeit, ihre Schlüssel in acht zu nehmen, anschaulich machen könnte.

Als sie daher einmal in Reihe und Glied vor mir standen, hielt ich einen Schlüssel in die Höhe und sagte: Jetzt gebt Achtung! Jetzt, liebe Freunde, will ich eine Vorlesung halten über — den Schlüssel. Die Materie, aus welcher der Schlüssel besteht, ist gewöhnlich Eisen. In Ansehung seiner Form bemerken wir diesen Teil, der heißt Kamm, und diesen, der ist das Rohr, und diesen, das ist der Griff.

Dies habt ihr freilich alles lange schon gewußt, jetzt will ich euch aber noch etwas sagen, was wenigstens zwei Dritteilen von euch unbekannt war, nämlich was eigentlich ein Schlüssel ist. Hättet ihr dies gewußt, so würdet ihr gewiß auf eure Schlüssel einen größern Wert gelegt haben.

Achtung! (die folgenden Worte wurden langsam und mit großem Nachdrucke ausgesprochen). Ein Schlüssel ist das Mittel, das Behältnis, zu dem er gehört, zu öffnen. Wenn ich also den Schlüssel zu meinem Schranke verliere, so bekommt der Finder das Mittel in die Hände, meinen Schrank zu öffnen. Verliere ich viele Schlüssel, so erhalten die Domestiken, die Handwerksleute, die Tagelöhner, die Bettler, die in unsere Häuser kommen, nach und nach Mittel, den Schrank zu öffnen. In diesem Falle thäte ich besser, wenn ich ihn gar nicht mehr verschlösse, da ersparte ich mir doch die Mühe des Auf- und Zuschließens. Das Zuschließen wäre ja doch vergeblich. Daß es möglich sei, seinen Schlüssel nicht zu verlieren, dies beweist der Schlüssel, den ich hier in der Hand habe, den ich im Jahre 1766 verfertigen ließ, der also nun beinahe 40 Jahre alt ist.

Mit diesen Worten trat ich ab und überließ die Versammlung ihrem eigenen Nachdenken.

Der Erfolg davon war, daß das Schlüsselverlieren sogleich aufhörte, und daß nunmehr seit zwei Monaten von meinen Pflegesöhnen kein einziger nötig gehabt hat, sich einen neuen Schlüssel verfertigen zu lassen.

Und worin liegt denn die Zauberkraft, die dies bewirkte?

1. Darin, daß ich durch den sonderbaren Eingang zu meiner Rede aller Erwartung spannte und sie zur Aufmerksamkeit brachte. Was hätten die triftigsten Vorstellungen vermocht, wenn man nicht darauf aufmerksam gewesen wäre?

2. Daß ich den Wert der Schlüssel und die Verbindlichkeit, sie zu bewahren, recht anschaulich machte.

3. Daß ich sie dadurch dahin brachte, daß sie die Verbindlichkeit, ihre Schlüssel zu bewahren, begriffen und sich selbst entschlossen, dies zu thun.

Ich hielt diesen Vortrag öffentlich, weil er einen Fehler betraf, der fast allgemein war.

Man hüte sich ein Gleiches zu thun, wenn man ein einzelnes Kind zur Erfüllung einer Pflicht oder Ablegung eines Fehlers bringen will. Man wird dabei seinen Zweck gewiß verfehlen, denn die Wirkung öffentlicher Ermahnungen, die eine gewisse Person betreffen, ist allemal Beschämung, wodurch eine Art von Betäubung hervorgebracht wird, die den Ermahnten unfähig macht, aufzumerken; sehr oft wird dadurch auch Erbitterung gegen den Ermahner bewirkt, die den Vorsatz erzeugt, die Ermahnung nicht zu befolgen.

Die Kinder haben ferner Sinnlichkeit, die man auch benutzen muß. Dies geschieht, wenn man durch Ton und Mienen das ausdrückt, was man sagen will. Da ich hiervon schon oben gesprochen habe, so ist es überflüssig, darüber weitläufiger zu reden. Ich bemerke nur dies noch, daß es ungemein wichtig sei, durch Ton und Miene auf Kinder zu wirken, die Vernunftgründe noch nicht fassen können. Wer dies versteht, der richtet durch einen Blick, ein Wort, die Beifall oder Mißfallen ausdrücken, mehr aus, als ein anderer durch eine lange Gottesverehrung.

Die Einwendungen, die gegen diese Erziehungsart werden gemacht werden, sehe ich voraus und übergehe sie mit Stillschweigen, weil sie jeder Denkende leicht selbst widerlegen kann.

Nur eine kann ich nicht unerörtert lassen.

„Der Mensch, wird man sagen, muß gehorchen lernen, wenn er in die menschliche Gesellschaft passen soll. Was soll aus der Gesellschaft werden, wenn man ihr Glieder zuzieht, die gewöhnt sind, keinen andern als ihren eigenen Willen zu thun? Die Revolutionen, die Staatsumwälzungen, die Königsmorde, die in unsern Tagen vorgefallen sind, die sind die Früchte der liberalen Erziehung, die man jetzt den jungen Leuten giebt."

Liebe Freunde! Ereifert euch nicht zu sehr! Denkt nur an die Frauenzimmer in N., von denen ich oben gesprochen habe, die an Nervenkrankheiten sterben, seitdem die Schnepfenthäler Zöglinge sich im kalten Wasser baden![31] Die Staatsumwälzungen und Königsmorde hängen mit der liberalen Erziehung ebenso zusammen, wie die Nervenkrankheiten der Frauenzimmer in N. mit dem kalten Baden der Schnepfenthäler Zöglinge. Wie? Sind denn etwa die berüchtigten Staatsumwälzer nach der hier empfohlenen Methode erzogen worden? Oder haben sich diejenigen, die so erzogen wurden, durch Insubordination ausgezeichnet? Und wenn es von Hunderten einer that, was beweist dieses? Man suche doch junge Leute zu überzeugen (und wie leicht ist dies), daß es Pflicht sei, die Vorschriften derer zu befolgen, die ihnen vorgesetzt sind, und sie dahin zu bringen, daß sie es sich selbst zum Gesetz machen, dies zu thun, so ist es ja gut. Sie werden dann immer geneigt sein, die Vorschriften ihrer Vorgesetzten zu befolgen, ohne daß es nötig ist, ihnen in jedem einzelnen Falle die Gründe davon anzugeben.

Freilich setze ich voraus, daß ein vernünftiger Erzieher seinen Zögling nicht willkürlich behandle, daß er ihm keine Vorschriften gebe, die nicht auf wahren Gründen beruhen; freilich muß ich zugeben, daß der Zögling künftig wahrscheinlich in Lagen kommen werde, wo er willkürlich und unvernünftig behandelt wird. Was ist denn aber dabei zu thun? Sollen wir das Kind vielleicht unvernünftig behandeln, damit es an die unvernünftige

Behandlung, die seiner in der Zukunft wartet, gewöhnet werde? Dies wäre doch wirklich eine sonderbare Forderung.

Man bereite es darauf vor, man zeige ihm in Beispielen, welch' willkürliche Behandlung sich oft der Mensch gefallen lassen müsse, und mache ihm die Verbindlichkeit begreiflich, sich derselben zu unterwerfen, so lange man von dem willkürlichen Behandler abhängig ist, und er nicht eine Handlungsart von uns verlangt, die wir für unrecht halten.

Wollt ihr, meine jungen Freunde, euch also der Erziehung widmen, so müßt ihr notwendig lernen, den Kindern die praktischen Wahrheiten so anschaulich zu machen, daß sie dieselben auffassen, annehmen, sich die Befolgung derselben zum Gesetz machen und so ihren eignen Willen thun. Gewöhnt ihr sie bloß, durch allerlei Künsteleien, euern Willen zu thun, so ist ihre ganze Moralität eine Windmühle, die stille steht, sobald sie von einer Anhöhe ins Thal gesetzt wird, auf welches der Wind nicht wirken kann. Wollt ihr ihnen die Wahrheit vorpredigen, ohne euch darum zu bekümmern, ob sie dieselbe fassen, so erzieht ihr Kinder, an denen, wie ihr zu sagen pflegt, Hopfen und Malz verloren ist, bei denen kein Zureden, kein Ermahnen etwas hilft, von denen ihr klagt, daß ihr immer tauben Ohren predigt. Die Ursache davon liegt nicht in ihren Ohren, sondern in eurer leisen Sprache, weil ihr nicht so sprechen gelernt habt, daß es durch die Ohren in die Seele dringt.

Statt also euch die Köpfe über das oberste Moralprinzip zu zerbrechen, lernt nur die allgemein zuerkannten praktischen Wahrheiten den Kindern recht faßlich und annehmlich zu machen.

Der Gewinn, der daraus entspringt, ist groß — sehr groß. Sobald das Kind das Gute selbst will, so erzieht es sich selbst, und fünfzig Kinder, die das Gute wollen, sind leichter zu lenken, als ein einziges, dem es noch nicht eingefallen ist, gut zu werden. Sobald ein Kind eine Sprache lernen will, so lernt es sie, und in einer einzigen Lehrstunde, die ihm darin gegeben wird, kommt es weiter, als ein anderes, das diese Sprache nicht erlernen will, und vom Morgen bis zum Abend darin Unterricht bekommt.

Ist der Zeitpunkt da, wo sich bei den jungen Leuten Empfänglichkeit für das Übersinnliche zeigt, so muß man nun den praktischen Wahrheiten, die man sie lehrte, eine höhere Sanktion dadurch geben, daß man sie zu überzeugen sucht, daß dieselben Gottes Wille sind. Wie dies anzufangen sei, glaube ich in meinem Heinrich Gottschalk gezeigt zu haben und werde es ausführlicher zeigen in dem christlichen Religionsunterrichte, den ich nächstens hoffe liefern zu können.[32]

Dabei kommt denn aber freilich wieder viel auf den Vortrag des Lehrers an. Er muß so zuversichtlich und eindringlich zu sprechen wissen, daß die

Zuhörer überzeugt werden, daß er selbst alles, was er sagt, von ganzem Herzen glaube, er muß die Wahrheit mit solchen Gründen zu unterstützen wissen, daß ihnen kein Zweifel dagegen übrig bleibt.

Plan zur Erziehung der Erzieher.

Man errichte vor allen Dingen eine Pflanzschule für Erzieher. Man berufe die berühmtesten Erzieher aus allen Weltgegenden zusammen, stelle sie als Lehrer der Erziehungskunst an und gebe jedem tausend bis fünfzehnhundert Thaler Gehalt, damit er gegen Sorgen gedeckt sei; man stelle einen Lehrer der Zergliederungskunst an und sorge dafür, daß es nicht an Leichnamen fehle, an denen er den jungen Erziehern den Bau des menschlichen Leibes zeigen kann; man berufe ferner einen Lehrer der Heilkunde, welcher Vorlesungen über die Kinderkrankheiten hält und die zweckmäßigsten Heilmittel kennen lehrt; man errichte eine Büchersammlung, in welche alle Schriften aufgenommen werden, die von Griechen, Römern, Franzosen, Engländern, Italienern, Deutschen, Dänen, Schweden über die Erziehung sind geschrieben worden, damit der künftige Erzieher eine recht vielseitige Ansicht von seinem Geschäfte bekomme. Man errichte ferner einen Lesesaal, in welchem alle Zeitschriften, die in Deutschland, wo möglich auch in anderen gebildeten Ländern Europas, herauskommen, zu finden sind, damit es die Pflanzschule sogleich erfahre, wenn irgend jemand etwas Neues in der Erziehungskunst erfunden hat. Könnte damit ein Schauspielhaus verbunden werden, in welchem die Erzieher monatlich ein paar Schauspiele aufführten, so wäre es desto besser, so lernten sie Ton, Miene und Anstand des Körpers bilden. Unumgänglich nötig wäre aber die Anlegung eines Gartens, in welchen, so viel als möglich, alle Pflanzen gesetzt würden, die unser Erdball hervorbringt.

Die Ausführung dieses Plans würde freilich große Summen kosten; ist die Erziehung aber nicht das Wichtigste für den Staat? Werden die Unterthanen nicht gern die schwersten Auflagen sich gefallen lassen, wenn sie von dem wohlthätigen Zwecke derselben belehrt werden? wenn Schriftsteller und Prediger sich vereinigen, ihnen die Wichtigkeit der Sache begreiflich zu machen? Wird der Fürst nicht gern seine Schätze öffnen, um solch eine Anstalt zu unterstützen, die für den Staat von so unabsehlich wichtigen Folgen sein kann und muß?

Solch einen Plan zu entwerfen, wäre ich vielleicht vor vierzig Jahren fähig gewesen, da das Blut noch flüchtig durch meine Adern strömte, in meinem Gehirne Entwürfe auf Entwürfe sich erzeugten, ohne daß mich die Bedenklichkeit beunruhigte, ob sie auch in der wirklichen Welt ausführbar wären. Jetzt aber, da das Blut etwas langsamer fließt, fallen nur doch gegen diesen Plan allerlei Bedenklichkeiten ein.

Erstlich glaube ich doch, daß es etwas schwer sein werde, die Summen, die zur Ausführung desselben nötig sind, aufzubringen; zweitens, wenn dies auch wäre, so würde darüber so viel Zeit verfließen, daß unsere jetzt lebende

Jugend aufwüchse, ohne sich der wohlthätigen Wirkung desselben zu erfreuen. Dies wäre doch wirklich schade! Drittens gebe ich zwar zu, daß, wenn alles gelänge, der Staat eine Menge vielseitig gebildeter Erzieher erhalten würde, die von der Erziehungskunst recht viel sprechen und schreiben könnten; ob aber ein einziger imstande sein würde, ein Kind wirklich zweckmäßig zu erziehen, daran zweifle ich sehr.[33]

Ich will also diesen Plan, der sich gut lesen, aber schwer ausführen läßt, lieber ganz aufgeben und jedem, der sich der Erziehung widmet, einen etwas einfachern vorlegen, der in den drei Worten begriffen ist: Erziehe dich selbst!

Dieser hat den Vorzug, daß er einfach ist, wenig Geld kostet, gleich nach Lesung dieses Buches von allen, die dafür Sinn haben, ausgeführt werden kann und Erzieher bilden wird, die nicht bloß von der Erziehung sprechen und schreiben, sondern wirklich erziehen können.

Wer nun glaubt, von mir noch etwas lernen zu können, der merke auf die Winke, die ich ihm jetzt zur Selbsterziehung geben werde.

1. Sei gesund!

Ein kranker Mann ist ein armer Mann, alle Geschäfte werden ihm schwer, aber keins schwerer, als die Erziehung. Im krankhaften Zustande ist man sehr reizbar, jeder Mutwille, jede Unbesonnenheit der Jugend erregt Unwillen. Man muß sich also in einer Gesellschaft, welcher Mutwillen und Unbesonnenheit eigen sind, sehr übel befinden, weil man sich alle Augenblicke von derselben für beleidigt hält. Und wie will man sie in einem steten Zustande unangenehmer Empfindungen erziehen können? Alle Ermahnungen werden von Galle triefen oder mit einem zitternden Tone vorgebracht werden. Dieser wird nichts wirken, und jene wird schaden. Die vielen Klagen, die man über die Unfolgsamkeit der Jugend hören muß, rühren gewiß meistens von der Kränklichkeit der Erzieher her, und wie kann man sich zutrauen, gesunde Kinder erziehen zu können, wenn man selbst ungesund ist?

Dies ist ja aber, wird man sagen, eine sonderbare Forderung: Sei gesund! Gesund will freilich ein jeder sein; hängt denn die Gesundheit aber von seinem Willen ab?

Allerdings. Vorausgesetzt, daß keins der Eingeweide verletzt ist und du deinen Körper nicht durch Ausschweifungen sehr geschwächt hast, so kannst du gesund sein, wenn du nur ernstlich willst. Der ernstliche Wille hat auf den Körper einen mächtigen Einfluß. Härte ihn nur nach und nach ab, sei mäßig und enthaltsam, widme den Tag der Arbeit und die Nacht der Ruhe, und wenn du demungeachtet zu kränkeln anfängst, anstatt zur Apotheke deine Zuflucht zu nehmen, suche lieber den Grund deines Übelbefindens zu erfahren. Dies kannst du, wenn du über deine bisherige

Lebensweise nachdenkst. Hast du den Grund deines Übelbefindens erst entdeckt, so wird es dir leicht sein, dir durch einfache Mittel zu helfen. Unpäßlichkeiten z. E., die von Überladung des Magens herrühren, werden oft durch Versagung einer Mahlzeit gehoben. Etwas Mehreres hierüber zu sagen, trage ich deswegen Bedenken, weil es das Ansehen gewinnen würde, als wenn ich den Arzt machen wollte, was mir aber noch nie in den Sinn gekommen ist. Es mache sich ein jeder mit seiner Natur bekannt, erforsche, woher seine Krankheit komme und lerne die einfachen Mittel kennen, dieselbe zu heben, so wird er sich eine dauerhafte Gesundheit erwerben können.

Das geht bei mir nicht! höre ich viele sagen. Lieber Freund, versuche es, ich hoffe, es wird gehen. Ich kenne mehrere Personen, die sonst viel mit körperlichen Leiden kämpfen mußten, aber durch Befolgung dieser einfachen Vorschriften zu einer festen Gesundheit gelangt sind. Geht es bei dir aber wirklich nicht, entweder weil dir der Sinn für echte Gesundheitpflege fehlt, oder weil dein Körper fehlerhaft gebaut ist, oder weil durch irgend eine Ursache etwas darin zerstört worden, so befolge meinen Rat, entsage der Erziehung und widme dich einem andern Geschäfte. Sie würde dir äußerst lästig werden, und du würdest, auch bei dem besten Willen, mehr Schaden als Nutzen stiften.

2. Sei immer heiter!

In einer heitern Stunde ist man unter seinen Zöglingen allmächtig. Sie hängen an uns mit ganzer Seele, sie fassen alle unsere Worte auf, sie befolgen alle unsere Winke. Könntest du immer heiter sein, so wäre kein leichter Geschäft als die Erziehung. Es giebt Personen, denen die Heiterkeit angeboren ist, denen alles von der lachenden Seite erscheint; diese bedürfen dieser Ermunterung nicht, vielmehr muß ich sie erinnern, daß zur Erziehung auch Ernst nötig sei, wenn man sein Ansehen behaupten und seinen Erinnerungen die nötige Wirksamkeit verschaffen will.

Allein die Zahl derer, die von der Natur mit Heiterkeit beschenkt wurden, ist sehr klein, die meisten sind mehr für Mißmut empfänglich und befinden sich daher gewöhnlich in einer unzufriedenen Stimmung des Gemüts. Daß bei dieser unangenehmen Stimmung die Erziehung sehr schwer wird und wenig nutzt, weiß jeder und fühlt daher die Verbindlichkeit, nach steter Heiterkeit zu streben. Sich dieselbe zu verschaffen, ist so schwer nicht, als manche vielleicht glauben werden.

Man suche nur erst den Ursprung des Mißmuts auf, so wird es etwas Leichtes sein, ihn wegzuschaffen. Warum, frage ich dich also, lieber Leser, bist du denn immer so mißmutig?

Meine Lage — antwortest du.

Du irrst dich, mein Freund! es ist wahr, daß immer eine Lage geeigneter ist, den Mißmut zu reizen, als die andere; allein der eigentliche Grund des Mißmuts liegt doch immer in dir selbst. Ein Mann voll Kraft und hellen Einsichten muß imstande sein, sich von seinen Umgebungen unabhängig zu machen und seiner Heiterkeit aus sich selbst Nahrung zu geben. Er ist ruhig, wenn es auch um ihn her stürmt und wetterleuchtet, und zufrieden, wenn um ihn herum Unzufriedenheit herrscht. Ein anderer, dem diese Kraft und Einsichten fehlen, ist finster und mißmutig, auch wenn ihn alles anlacht.

Der Grund des Mißmuts liegt oft in einem fehlerhaften Zustande des Körpers. Wer nun gelernt hat, sich gesund zu erhalten, wird auch gegen diese Art des Mißmuts sich schützen können.

Oft, und vielleicht meistenteils, entspringt er aber aus einem fehlerhaften Zustande der Seele, und zwar vorzüglich aus der üblen Gewohnheit, sich von seinen Umgebungen unangenehme Vorstellungen zu machen. Sehet, liebe Freunde! es giebt eine doppelte Welt. Die eine ist außer uns, die andere in uns. Jene Welt ist von unseren Vorstellungen unabhängig, diese besteht in den Vorstellungen, die wir uns von derselben machen. Auf erstere können wir nur wenig wirken, diese aber ist unser Werk, wir sind Schöpfer derselben. Ist also die Welt außer dir nicht so, wie sie deiner Meinung nach sein sollte, so schaffe dir selbst eine Welt, die dich anlacht, die dich zur Heiterkeit stimmt, lerne allen Dingen eine angenehme Ansicht abzugewinnen, dir von ihnen beruhigende, aufheiternde Vorstellungen zu machen, und — deine Heiterkeit ist fest, wenigstens so fest gegründet, als es in dem Larvenstande, in dem wir uns befinden, möglich ist.

Laß uns einmal mit dieser Schöpfung einen Versuch machen und sehen, ob von dem Kreise, in dem du wirkst, nicht eine angenehme, reizende Vorstellung möglich sei.

Du wandelst und wirkst in einem Kreise von Kindern. Wer sind sie?

Werdende Menschen.

Wer gab sie dir?

Gott, der alles giebt.

In welcher Absicht?

Um sie zu leiten, daß sie sich zu vernünftigen, freien, thätigen, glückseligen Wesen bilden, und dir dadurch Gelegenheit zu schaffen, dich selbst zu veredeln.

Aber ihre Untugenden?

Sind Reizungen zum Nachdenken über den Ursprung derselben und die besten Mittel, sie wegzuschaffen.

Und die Schwierigkeiten, die man dir in den Weg legt?

Sollen dich reizen, deine Kräfte anzustrengen, um sie zu überwinden.

Der Undank, mit dem du belohnt wirst?

Schafft dir Gelegenheit, dich zu üben, rein sittlich zu handeln.

Sind solche Ansichten nicht ungemein aufheiternd? Begreifst du nicht die Möglichkeit, wie ein Mann, der sich eine Fertigkeit erworben hat, seinen Umgebungen solche Ansichten abzugewinnen, sich die Heiterkeit eigen machen kann?

Aber solche Ansichten bekommen zu können, muß man freilich einen höhern Standpunkt zu erreichen suchen, auf dem man, über das Sichtbare wegsehend, seinen Blick auf das Unsichtbare richten kann. Hier verschwindet alle Unordnung, Verwirrung und alles Übel, und öffnet sich ein Feld, wo lauter Harmonie und erhabne Zwecke sichtbar sind.

Denen, die Neigung haben, diesen höhern Standpunkt zu erklimmen, habe ich dazu die Hand geboten in dem bekannten Buche — Der Himmel auf Erden.[34]

Ich zweifle nicht, daß junge Erzieher, welche die in diesem Buche gegebenen Vorstellungen sich eigen machen, sich bei ihrem Geschäfte zur Heiterkeit zu stimmen, erlernen werden.

3. Lerne mit Kindern sprechen und umgehen.

Jede Klasse von Menschen hat ihre eigene Sprache und Gewohnheiten, mit welchen man viele Bekanntschaft haben muß, wenn man sich bei ihr wohlbefinden und gefallen will. Daher ist der Stubengelehrte ängstlich und macht sich lächerlich, wenn er in den Kreis der höhern Stände eintritt, und weiß nicht, wie er sich benehmen soll, wenn er in eine Gesellschaft von Ackerleuten kommt.

Ein ähnliches Schicksal haben junge Männer, die nur mit Büchern und erwachsenen Personen umgingen, wenn Kinder ihnen anvertraut werden. Sie wissen nicht, wie sie sich benehmen sollen, sie sind immer in Verlegenheit und — gefallen den Kindern nicht, denen ihre Gesellschaft lästig ist. Woher kommt dies? Die Sprache und die Gewohnheiten der Kinder sind ihnen fremd.

Macht euch also mit denselben bekannt! Statt viel über die Erziehung zu lesen und pädagogische Vorlesungen zu hören, sucht lieber Kinder auf, in deren Gesellschaft ihr täglich ein paar Stunden verlebt. Kinder giebt es ja allenthalben, wo Menschen wohnen, ihr werdet sie gewiß auch antreffen auf dem Platze, wo ihr euch befindet. Vielleicht habt ihr einen Hauswirt, einen

Nachbar, einen Freund oder Verwandten, der mit Kindern gesegnet ist, und dem es lieb sein wird, wenn ihr sie bisweilen unterhalten wollt.

Zum Stoffe der Unterhaltung schlage ich zuerst vor die Erzählung.

Die Erzählung hat für alle Kinder Reiz, und sobald eine Person, die gut erzählen kann, ihren Mund öffnet, so sammeln sich die Kinder um sie, wie die Küchlein, wenn die Mutter lockt. Und dieses Herzudrängen, diese sichtbare Begierde nach Erzählung macht denn auch dem Erzähler sein Geschäft leicht und angenehm.

In unseren Tagen, wo so viele Bücher für Kinder geschrieben sind, kann es an Stoff zur Erzählung nicht fehlen. Das beste, das ich kenne, ist der Campesche Robinson.[35]

Wenn du nun zu erzählen anfängst, so bemerke wohl, wie sich deine kleinen Zuhörer dabei benehmen. Sind ihre Augen und Ohren auf dich gerichtet, bitten sie dich, wenn du schließen willst, daß du weiter erzählen sollst, so ist es ein Zeichen, daß sie in deiner Erzählung Unterhaltung finden; werden sie aber schläfrig oder fangen an zu spielen und sich untereinander zu necken, so muß es irgendwo fehlen. Du wirst vielleicht meinen, es fehle am guten Willen der Kinder. Ich glaube aber, daß du dich irrst, da die Kinder, so weit ich sie kenne, alle an Erzählungen Vergnügen finden. Der Fehler liegt vielmehr sicherlich entweder an dem Inhalte der Geschichte, die du vorträgst — oder an dir selbst.

Vielleicht enthält deine Geschichte nichts für Kinder Anziehendes. Versuche es daher mit einer andern; fesselt diese ihre Aufmerksamkeit mehr, so hättest du vorher in der Auswahl der Erzählung gefehlt. Nur hüte dich, deine Kleinen mit Feen- und Zaubergeschichten zu unterhalten. Diese hören sie freilich so gern, als sie Pfefferkuchen essen, sie sind aber ihrem Geiste so nachteilig, als der Pfefferkuchen ihrem Magen.

Solltest du aber finden, daß die Kinder bei allen deinen Erzählungen zerstreut und teilnahmslos bleiben, so liegt der Fehler sicher in dem Tone deines Vortrags, und du hast dann umsomehr Ursache, daran zu bessern, da die Absicht deiner Erzählung doch vorzüglich ist, mit Kindern sprechen zu lernen.

Hier sind einige Winke, wie du deinen Erzählungston verbessern kannst.

Der Mann spricht wie ein Buch, pflegt man zu sagen, wenn man jemandem wegen seiner Unterhaltungsgabe einen Lobspruch beilegen will. Wenn du aber dich mit deinen Kindern unterhältst, so rate ich dir, sprich nicht wie ein Buch, sondern wie ein Mensch im Umgange mit Menschen zu sprechen pflegt, sprich die Sprache des gemeinen Lebens. Wenn man ein Buch schreibt, so wählt man jedes Wort und jede Redensart und vermeidet viele Ausdrücke des gemeinen Lebens als unedel. Vermeide du bei deinen Erzählungen keinen Ausdruck als unedel, dessen du dich im täglichen Umgange nicht zu schämen pflegst; dadurch bekommt deine Erzählung Leben und wird für Kinder anziehend.

Vermeide ferner, so viel du kannst, allgemeine Ausdrücke, weil diese Kindern weniger faßlich sind und nenne lieber die Sachen einzeln, die dadurch bezeichnet werden. Du kannst z. E. sagen: Die Mutter, als sie von ihrer Reise zurückkam, brachte ihren Kindern Früchte und Spielwerk mit; du kannst diesen Satz aber auch so ausdrücken: Da die Mutter von ihrer Reise zurückkam, brachte sie Fränzchen und Wilhelminchen allerlei artige Sachen mit, Äpfel, Birnen, Haselnüsse, eine Schachtel voll kleiner Teller, Leuchter, Schüsseln, Löffel, Bilder u. dgl.; die letzte Darstellung hat für die Kinder sicher mehr Reiz als die erste.

Sei ferner in deiner Erzählung etwas umständlich und vergiß nicht, in dieselbe allerlei Nebenumstände einzuweben, die die Handlung begleiteten. So kannst du der obigen Erzählung durch Einflechtung folgender Nebenumstände mehr Leben geben.

„Ach, wenn doch die Mutter nur einmal wiederkäme!" sagte Fränzchen zu Wilhelminchen. Kaum hatte sie es gesagt, so rasselte etwas unter dem Fenster. Fränzchen sah hinaus, erblickte die Mutter in einem Reisewagen, sprang mit Wilhelminchen hinaus — da stieg die Mutter heraus, umarmte ihre Kinder, ließ den Koffer vom Wagen nehmen und in die Stube tragen. Die Kinder folgten ihr und waren begierig zu sehen, was in dem Koffer wäre. Jetzt wurde er geöffnet und ausgepackt. Auch eine Schachtel wurde ausgepackt und den Kindern hingesetzt. Neugierig öffneten sie dieselbe und fanden darin allerlei artige Sachen, die ihnen Freude machten: Äpfel, Birnen u. s. w.

Führe ferner die Personen immer redend ein und laß sie in dem Tone sprechen, wie sie wirklich würden gesprochen haben.

Z. E. Fränzchen erblickte ihre Mutter. — Wilhelmine! rief sie, die Mutter ist da. —

Die Mutter? sagte Wilhelmine — und beide sprangen die Treppe hinab — Mutter! gute liebe Mutter! sagten sie und fielen ihr um den Hals.

Gute Kinder! sprach diese, indem sie dieselben an ihre Brust drückte, wie sehr habe ich mich nach euch gesehnt. Ihr seid doch noch gesund?

W. Recht gesund! Hast du uns etwas mitgebracht?

M. Wollen sehen! Hans, trage diesen Koffer in meine Stube.

W. Was wird in dem Koffer sein? u. s. w.

Es versteht sich von selbst, daß du immer in dem Tone sprechen mußt, in welchem die Person, die du redend einführst, würde gesprochen haben, und dir daher Mühe geben, deine Stimme in deine Gewalt zu bekommen. Wilhelmine, die Mutter ist da! muß ganz anders ausgesprochen werden, als das: Gute Kinder! Wie sehr habe ich mich nach euch gesehnt!

Durch diese beständige Abwechselung des Tons bekommt nicht nur deine Erzählung Leben, sondern deine Stimme bekommt auch die gehörige Geschmeidigkeit, die dir unentbehrlich ist, wenn du mit Nachdruck und Herzlichkeit zu deinen Pflegebefohlenen sprechen willst.

Endlich suche auch in deine Erzählung Handlung zu bringen. Dies geschieht alsdann, wenn du durch deine Mienen und die Bewegung deiner Glieder die Handlungen, welche du erzählst, auszudrücken suchst.

Z. E. das: Wilhelmine, die Mutter ist da! muß mit einer Miene ausgesprochen werden, die den höchsten Grad der Freude ausdrückt. Dabei darfst du nicht in ruhiger Stellung bleiben, sondern mußt eine solche annehmen, in welche ein Kind durch die Freude über die unvermutete Zurückkunft der geliebten Mutter versetzt zu werden pflegt.

Zum Stoffe der Unterhaltung mit Kindern schlage ich ferner vor: Erklärung solcher Bilder, die für Kinder etwas Anziehendes haben.

Freilich haben alle Bilder für Kinder etwas Anziehendes, aber doch immer eins mehr als das andere. Abbildung der lebendigen mehr als Vorstellung der leblosen Natur, Tiere mehr als Menschen, handelnde Wesen mehr als solche, die sich in einer ruhigen Stellung befinden. Die Abbildung eines Hahnenkampfes hat für Kinder sicher mehr Anziehendes, als die Vorstellung aller hühnerartigen Vögel. Diese werden Kinder zwar auch einige Zeit mit Vergnügen betrachten, aber sich daran bald satt sehen. Bei Betrachtung des Hahnenkampfes werden sie hingegen länger verweilen und sie öfters mit Vergnügen wiederholen.

Bei Verfertigung der Kupfer zu Konrad Kiefers ABC- und Lesebüchlein, wie auch zum ersten Unterrichte in der Sittenlehre, ist auf diese Bemerkungen Rücksicht genommen worden.

Alles, was von der Erzählung ist gesagt worden, gilt auch von der Erklärung der Bilder; du mußt, wenn sie Kinder an dich ziehen sollen, bei derselben die nämlichen Winke befolgen, die ich dir in Ansehung jener gegeben habe.

Über beides könnte ich dir noch vieles sagen; wenn du aber Drang fühlst, durch Erzählung und Bildererklärung deine Kleinen an dich zu ziehen, so wirst du von selbst alles besser lernen, als ich es dir sagen kann.

4. Lerne mit Kindern dich beschäftigen.

Bei den jetzt beschriebenen Unterhaltungen bist du die handelnde Person, und die Kinder sind bloß Zuhörer und Zuschauer. Dieses Verhältnis, so angenehm es ihnen anfänglich ist, würde sie doch ermüden, wenn es zu lange dauern sollte, da ihr Trieb zur Selbstthätigkeit dabei keine Befriedigung findet. Du mußt daher auch Unterhaltungen suchen, an denen sie thätigen Anteil nehmen können. Zu diesen rechne ich zuerst das Spiel, nämlich ein solches, das einen nützlichen Zweck hat, entweder dem Leibe eine freie Bewegung und Behendigkeit zu verschaffen, oder die geistigen Kräfte zu üben.

Diese Spiele kannst du zum Teil von den Kindern selbst lernen, wenn du sie von deinen Pflegebefohlenen angeben läßt und bisweilen die Spielplätze anderer Kinder besuchst, teils kannst du Anleitung zu denselben finden in Guts-Muths Spielen für Kinder.[36]

Bei der Wahl derselben hast du auf zweierlei Rücksicht zu nehmen: daß sie einen wirklich nützlichen Zweck haben, und daß sie deinen Kleinen Vergnügen machen.

O ihr alle, die ihr euch der Erziehung weihet, lernet, ich bitte euch, lernet mit Kindern spielen! Ihr werdet durch diese Übung drei wichtige Zwecke erreichen: die Kinder an euch ziehen und ihre Liebe und ihr Zutrauen erwerben, die Gabe, mit ihnen zu sprechen und sie zu behandeln, euch mehr eigen machen — und Gelegenheit finden, in das Innerste eurer Kleinen zu sehen, da sie bei dem Spiele weit offner und freier handeln, als in andern Lagen, und sich mit allen ihren Fehlern, Schwachheiten, Einfällen, Anlagen, Neigungen zeigen, wie sie wirklich sind.

Wer mit Kindern nicht spielen kann, wer in dem Wahne steht, daß diese Art der Unterhaltung mit Kindern unter seiner Würde sei, sollte eigentlich nicht Erzieher werden.

Da wir doch aber nicht bloß zum Spielen bestimmt sind, und die Kinder desselben bald überdrüssig würden, wenn sie sonst gar keine Beschäftigung hätten, so wirst du bald das Bedürfnis anderer, etwas ernstlicherer Beschäftigungen fühlen. Worin diese bestehen sollen, ist vorhin gezeigt worden.

Jetzt fragt es sich nur, wie du dir die Geschicklichkeit dazu erwerben kannst. Daher rate ich dir:

5. Bemühe dich, dir deutliche Kenntnisse der Erzeugnisse der Natur zu erwerben.

Unter deutliche Kenntnis verstehe ich Kenntnis der Merkmale, wodurch man die verschiedenen Klassen und Gattungen der Naturerzeugnisse voneinander unterscheiden kann.

Dazu fehlt es mir, antwortest du vielleicht, an Gelegenheit. Wirklich? Du lebst ja in der Natur und bist mit Erzeugnissen derselben umgeben, die um dich her wachsen und leben.

Gewöhne dich nur, eines derselben nach dem andern genau zu betrachten und die Merkmale aufzusuchen, wodurch sie sich von andern, ihnen ähnlichen, unterscheiden. Dadurch wirst du deinem Unterscheidungsvermögen schon einige Fertigkeit erwerben. Aber die Worte werden dir fehlen, womit du jedes Naturerzeugnis und seine Merkmale benennen sollst.

Daher mußt du nun einen Freund aufsuchen, der mit der Natur sich bekannt gemacht hat, und der dir einige Anleitung giebt, die Merkmale der Naturerzeugnisse, z. E. in der Pflanzenkunde die verschiedenen Teile der Blumen, aufzusuchen, und dir die Kunstausdrücke, mit welchen sie pflegen benannt zu werden, bekannt macht. In unsern Tagen, wo die Naturkenntnis immer weiter sich verbreitet, sind solche Freunde so selten nicht, als vor zwanzig Jahren. Solltest du auch einige Stunden weit gehen müssen, um diesen Freund zu finden, so ist es doch der Mühe wert, bisweilen einen Weg zu ihm zu machen.

Ferner mußt du dir einige Bücher zu verschaffen suchen, die dir Anleitung geben, die Natur kennen zu lernen.

Auch hieran ist jetzt ein Überfluß. Unter der Menge derselben nenne ich nur in der Pflanzenkunde: Dietrichs Anleitung zur Kenntnis der Pflanzen; Deutschlands Flora von Hofmann und Röhling; in der Tierkunde: Leskens Naturgeschichte, und in beiden: Bechsteins gemeinnützige Naturgeschichte des In- und Auslandes.[37]

Findest du nun ein Naturerzeugnis, von dessen Natur und Namen du dir Kenntnis zu erwerben wünschest, z. B. eine Pflanze, so siehe zuerst auf die Merkmale der Klasse, dann der Gattung, ferner der Ordnung, wobei du dich vorzüglich an die Merkmale halten mußt, die am meisten in die Augen springen, dann schlage dein Buch nach und suche die Klasse und Gattung auf, zu welcher deine Pflanze gehört, so wird es dir nicht schwer sein, auch die Ordnung zu finden, zu welcher sie gerechnet, und den Namen, mit welchem sie benannt wird. Frage dann bisweilen deinen Freund, ob du dich nicht geirrt habest, du wirst dich dann freuen, wenn du wirklich gefunden hast, was du suchtest, und selbst dein erkannter Irrtum wird dir lehrreich sein und dich vor ähnlichen Verirrungen bewahren.

Ich gebe dir diesen Rat um desto zuversichtlicher, da ich aus Erfahrung weiß, daß verschiedene junge Männer während eines kurzen Aufenthalts in meiner Anstalt sich auf diesem Wege nicht gemeine Kenntnisse der Natur, vorzüglich der Pflanzen, erworben haben.

Da ich vorhin hinlänglich glaube bewiesen zu haben, daß die Betrachtung der Natur zur Unterhaltung der Kinder, zur Weckung und Übung ihrer Geisteskräfte höchst nötig sei, so ergiebt sich hieraus von selbst, daß du mit der Natur dich bekannt machen mußt, wenn du mit Vergnügen und mit Nutzen erziehen willst.

Diese Bekanntschaft wird dir große und mannigfaltige Vorteile gewähren. Für dich wird sie eine ergiebige Quelle des Vergnügens sein, weil du nun nicht mehr durch die Welt als ein Fremdling wandelst, dem alle seine Umgebungen unbekannt sind, sondern als ein Einheimischer, der auf den Bergen und in Thälern, im Wasser und in dem Innern der Erde, Bekannte antrifft, mit denen er sich unterhalten kann. Noch wichtiger wird sie dir im Umgange mit deinen Kleinen sein, da sie dir den mannigfaltigsten Stoff zur Unterhaltung und zum Unterrichte darbietet, dich deinen Kleinen wichtig und unentbehrlich macht und dir Gelegenheit giebt, besonders im Sommer, manche Stunde bei deinen Kleinen auf eine höchst nützliche und angenehme Art mit dem Sammeln und Trocknen der Pflanzen auszufüllen.

6. Lerne die Erzeugnisse des menschlichen Fleißes kennen.

Da diese einen sehr mannigfaltigen Stoff zur lehrreichen Unterhaltung mit Kindern geben, wie ich vorhin zeigte, so ist die Kenntnis derselben unentbehrlich. Bei der sonst gewöhnlichen Erziehung blieb uns dieselbe fast ganz fremd; von den meisten Dingen, die uns umgeben, hatten wir keine deutlichen Vorstellungen, und die Namen der verschiedenen Teile derselben waren uns unbekannt. Suchen wir uns diese Kenntnis nicht zu verschaffen, so können wir sie auch unsern Pflegesöhnen nicht mitteilen; sie werden sich daher gewöhnen, ihre Umgebungen nur oberflächlich ansehen, und sich mit einer dunkeln Erkenntnis derselben begnügen.

Also, Freund! der du dich der Erziehung widmest, bemühe dich, mit den mancherlei Erzeugnissen des menschlichen Fleißes bekannt zu werden, und lerne vorzüglich ihre Materie, ihre Teile, ihre Form, ihren Zweck kennen und richtig benennen. Die Gelegenheit dazu wirst du finden, wenn du sie suchest. Die Person, die die Sache verfertigt hat und die sie gebraucht, wird dir über alles, was du zu wissen verlangst, Aufschluß geben können.

Triffst du z. E. einen Ackersmann an, der deinen Gruß freundlich erwiedert, so laß dich mit ihm in ein Gespräch ein über sein Geschäft und über das Werkzeug, dessen er sich bedient, um Furchen zu ziehen und den Acker zur Hervorbringung des Getreides, das dich nährt, zuzubereiten. Laß dir von ihm die verschiedenen Teile des Pflugs benennen und die Absicht anzeigen, in welcher sie an demselben angebracht sind. Er wird mit Vergnügen deine Fragen beantworten, und du wirst da mancherlei kennen lernen, das dir zuvor unbekannt war, und dich freuen, es gelernt zu haben.

So besuche die Werkstatt des Schreiners, des Drechslers, des Schmieds u. s. w., unterhalte dich mit ihnen über die Materien, die sie bearbeiten, über die Form, die sie ihnen geben, die Werkzeuge, deren sie sich bedienen, um zu ihren Zwecken zu kommen; besuche ferner die Plätze, wo Maschinen aufgestellt sind, die durch den Druck einer mäßigen Kraft große Wirkungen hervorbringen, z. E. ein Mühlwerk, und laß dir die verschiedenen Teile, ihre Benennungen und Absichten, bekannt machen u. s. w.

Du wirst bei solchen Unterredungen mit der produzierenden Menschenklasse oft mehr an nützlichen Kenntnissen und Fertigkeiten erwerben, als in dem Hörsaale manches Philosophen. Du wirst mit dieser zahlreichen, so wichtigen, der menschlichen Gesellschaft unentbehrlichen Menschenklasse umgehen und sprechen lernen, eine Gabe, die nicht immer dem Stubengelehrten eigen ist; du wirst einen Schatz von Kenntnissen dir erwerben, die du in der Folge im Kreise deiner Pflegesöhne benutzen kannst; die gewöhnlichsten Dinge werden dir Stoff zur Unterhaltung mit ihnen darbieten; du wirst dich endlich gewöhnen, die Dinge nicht oberflächlich, sondern genau anzusehen, und diese Gewohnheit deinen Zöglingen mitteilen.

7. Lerne deine Hände brauchen.

Wer den Zucker in der Kaffeeschale mit dem Löffelchen herumrührt, gebraucht seine Hände zwar auch; aber daß man einen solchen Gebrauch nicht verstehe, wenn man den andern ermuntert, seine Hände brauchen zu lernen, ergiebt sich von selbst.

Seine Hände brauchen lernen heißt vielmehr, durch mancherlei Übungen alle Muskeln derselben in seine Gewalt zu bekommen suchen, um damit mancherlei verrichten und verfertigen zu können.

Und da hier von der Bildung zum Erzieher die Rede ist, so mußt du vorzüglich solche Geschäfte verrichten und solche Sachen verfertigen lernen, die dir bei der Erziehung nützlich sein können.

Personen, von denen du in dieser Hinsicht etwas lernen kannst, findest du allenthalben, und sie werden meistenteils geneigt sein, dir die Handgriffe, die sie bei ihren Arbeiten anwenden, bekannt zu machen.

Triffst du z. E. eine Person an, die die Geschicklichkeit besitzt, durch Biegung des Papiers mancherlei Figuren zu verfertigen, so halte dies nicht für zu gering, suche es zu erlernen. Es wird dir in der Folge bei den Kindern, die dir anvertraut werden, vorzüglich bei solchen, deren Hände noch zu schwach sind, um Werkzeuge gebrauchen zu können, mannigfaltige Vorteile gewähren.

So nimm auch Unterricht im Netzstricken, wenn du hierzu Gelegenheit findest, weil du auch hiermit deine Kleinen auf eine angenehme und nützliche Art wirst beschäftigen können.

Suche auch einen Gärtner auf, bei dem du bisweilen in die Lehre gehen kannst. Lerne den Spaten und Rechen gebrauchen, ein Gartenbeet anlegen und mache dir die Vorteile bekannt, die bei Aussäung, Pflanzung und Abwartung der gewöhnlichen Gartengewächse zu beobachten sind. Wenn dann bei deinen Pflegebefohlenen die Neigung zum Gartenbau erwacht, so wirst du derselben nicht entgegenarbeiten, du wirst sie zu nähren und zu befriedigen suchen, der Gehilfe und Ratgeber der kleinen Gärtner und so für sie eine sehr wichtige Person sein.

Vorzüglich suche Gelegenheit, wo du lernen kannst, Holz und Pappe zu bearbeiten. Diese Arbeiten empfehle ich dir vorzüglich, weil sie so reinlich sind und nicht so, wie viele andere, Veranlassung geben, die Hände, Kleidung und das Zimmer zu beschmutzen, und — weil du dabei mancherlei Werkzeuge, das Schnitzmesser, den Hobel, den Meißel, den Bohrer, den Hammer, den Schraubstock u. s. w. brauchen lernst.

Weißt du mit solchen Werkzeugen umzugehen, dann ist deine Kraft und Wirksamkeit um ein merkliches vergrößert, und du bist in den Stand gesetzt, sie auf deine Kleinen überzutragen, und sie zu der so wichtigen, nützlichen und angenehmen Selbstverfertigung anzuführen.

Woher will ich, fragst du, die Zeit hernehmen, um dies alles erlernen zu können?

Dadurch veranlassest du mich, dir den achten Wink zu gehen.

8. Gewöhne dich mit deiner Zeit sparsam umzugehen.

Zeit ist Geld, sagte, wenn ich nicht irre, Franklin, vermutlich um Leuten, in deren Augen nichts so großen Wert hat, als Geld, den gewissen Wert der Zeit begreiflich zu machen. Ich sage aber, Zeit ist mehr als Geld, da man durch gute Verwendung der Zeit viel Geld erwerben, aber durch keine Geldsummen sich Zeit erkaufen kann. Die Zahl der Familien ist nicht klein, welche über Geldmangel klagen. Sie besuchen die Schauspiele und Konzerte, bewirten oft ihre Bekannten an Tafeln, die mit den mannigfaltigsten und teuersten Speisen beseht sind, ahmen in Verzierung ihrer Zimmer den Personen vom ersten Range nach, richten sich in ihrer Bekleidung nach den Gesetzen der Mode und klagen dann, daß ihre Einnahme nicht zureichen wolle.

Wie diesen Familien könne geholfen, wie sie in eine Lage könnten versetzt werden, wodurch der Geldmangel mit einem Male aufgehoben würde, sieht ein jeder, nur sie selbst nicht.

Freund! der du fragst, wo soll ich Zeit hernehmen, dies alles zu erlernen? In dem Bilde solcher Familien bist du selbst gezeichnet. Die schönsten Stunden des Tages, die Morgenstunden, bringst du vielleicht im Bette zu. Dann setzest du dich an den Tisch und liesest die Zeitungen, Zeitschriften und andere Schriften, die dir von der Lesegesellschaft, deren Mitglied du bist, sind zugeschickt worden; nachmittags besuchst du Gesellschaften, abends sitzest du bei dem Spieltische. Wenn ich dir nun rate, die Natur kennen und die Hände brauchen zu lernen, so fragst du mich, woher soll ich die Zeit nehmen, dies alles zu erlernen?

Denke doch nur darüber nach, wie du deine Zeit am zweckmäßigsten anwenden willst, und thue das, was dir deine Vernunft dann raten wird, so wirst du Zeit genug haben, nicht nur dieses, wozu ich dir rate, sondern noch weit mehr zu erlernen.

Stehe früh auf, so hast du gleich ein paar Stunden gewonnen, in welchen du viel lernen kannst.

Da bei der Annäherung des Morgens die ganze Natur, die Nachtvögel ausgenommen, erwacht, so ist es unschicklich, daß der Mensch, der in gewissen Rücksichten Herr der Natur ist, dann im Schlafe liege. Die Abweichung von dieser Ordnung der Natur hat gewiß sehr mannigfaltige traurige Folgen, vorzüglich für den Erzieher. Deine Zöglinge müssen doch, wenn sie anders gesund bleiben und vor Entkräftung bewahrt werden sollen, früh aufstehen. Wirst du sie dazu gewöhnen können, wenn du dich selbst von der Sonne in deinem nächtlichen Lager bescheinen läßt?

Denken und beobachten muß immer dein Hauptgeschäft sein; dadurch wird deine Geisteskraft geübt, und du sammelst einen Schatz selbsterworbener Kenntnisse, von deren Wahrheit du überzeugt bist und die du bei deinen Arbeiten anwenden kannst. Lesen mußt du auch, um dir mehr Stoff zum Denken zu verschaffen. Geschieht dies mit Mäßigung, mit Auswahl vorzüglich in Hinsicht auf das Fach, dem du dich gewidmet hast, so verschaffst du deinem Geiste eine gesunde, stärkende Nahrung.

Liesest du aber, so wie es jetzt gewöhnlich ist, unmäßig, so kommst du mir vor wie ein Mensch, der den ganzen Tag ißt. Sein stets beladener Magen macht ihn zum Denken unfähig, und seine Säfte werden durch die heterogenen Nahrungsmittel, die in dieselben übergehen, verderbt. Das beständige Lesen füllt den größten Teil des Tages aus und raubt dir die Zeit, die du zum Denken und Handeln anwenden solltest. Du fassest eine Menge Begriffe, wahre, halbwahre und falsche durcheinander, auf, die dich verwirren und zu keiner Selbständigkeit kommen lassen. Heute urteilst du so, die nächste Woche behauptest du das Gegenteil, je nachdem das Buch urteilt, das du zuletzt durchgelesen hast.

So nachteilig würde dir das unmäßige Lesen sein, wenn du auch keine bestimmten Geschäfte hättest. Weit größerer Nachteil entspringt aber hieraus, wenn du gewisse bestimmte Geschäfte, wie z. E. die Erziehung, übernimmst.

Jetzt trittst du unter deine Kleinen, aber nur mit dem Körper, dein Geist ist abwesend und wandelt noch in dem Ideenkreise, in welchen ihn die Zeitschrift versetzte, die du eben jetzt aus der Hand gelegt hast. Daher hörst du nicht recht und siehst verkehrt, und deinen Reden fehlt der nötige Nachdruck. Du übernimmst die Aufsicht über sie mit der Zeitschrift in der Hand, verlangst nun von ihnen eine ihnen unnatürliche Stille, damit du im Lesen nicht gestört werdest; bei jedem Geräusche, bei jeder Frage, die an dich geschieht, wirst du unwillig und läßt dich wohl zu einem auffahrenden Tone verleiten. Ihre Handlungen zu beobachten, bist du unfähig, und deine Gegenwart wirkt nicht viel mehr als eine Vogelscheuche, die in den Weizen gestellt ist, um die Sperlinge abzuhalten. Eine Zeitlang fürchten sie dieselbe, nach und nach gewöhnen sie sich daran und setzen sich am Ende gar darauf.

Willst du also, Freund! ein wirklich guter Erzieher werden, so befolge meinen Rat und mäßige dich im Lesen. Bedenke, daß das Lesen immer nur Mittel zur Erreichung höherer Zwecke sein muß, und daß du eine Thorheit begehst, wenn du das Mittel zum Zwecke machst. Du wirst dann viel Zeit ersparen, die du nun zur Erwerbung solcher Kenntnisse und Fertigkeiten anwenden kannst, die dir bei dem Erziehungsgeschäfte unumgänglich nötig sind. Denke an Pestalozzi! Würde er wohl der mächtigwirkende Mann geworden sein, der er ist, wenn er die Zeit, die er auf das Denken und Beobachten verwendete, mit Lesen zugebracht hätte?[38]

Du wirst ferner eine große Zeitersparnis machen, wenn du dich nicht zu sehr an die Gesellschaftlichkeit gewöhnst.

Daß die Gesellschaftlichkeit ihre großen Vorteile habe, und der mäßige Genuß derselben Bedürfnis sei, wer wird dies leugnen?

Aber mehrere halbe Tage die Woche hindurch in Gesellschaften zu verleben, ist Zeitverschwendung, ist wahrer Müßiggang, der, so wie jeder Müßiggang, viel Böses lehrt, und dem Erzieher die Zeit raubt, die er auf Vorbereitung und Abwartung seines Geschäfts verwenden sollte. Wirst du nur die Hälfte der Zeit, die du bisher verplaudertest, in der Natur oder in der Werkstatt zubringen, so wirst du bald ein anderer Mann werden.

Noch eins! Du bist doch wohl kein Spieler? Du hast doch wohl nicht die Gewohnheit angenommen, halbe Tage oder Abende hinter der Spielkarte zuzubringen? Wäre dieses, so mußt du von neuem geboren werden, es muß eine gänzliche Änderung mit dir vorgehen, wenn du zum Erzieher tüchtig sein willst. Hast du denn noch gar nicht über den Wert der Zeit nachgedacht;

noch gar nicht überlegt, wie viel ein vernünftiger Mensch in einer Stunde denken, lernen und wirken kann? Wie kannst du denn mit deinen Lebensstunden so verschwenderisch umgehen? Wie willst du denn erziehen können, wenn die Spielsucht dich beherrscht? Wirst du, wenn die Spielstunde schlägt und dich zum Spieltische ruft, dich nicht von deinen Pflichten losmachen? Wirst du deinen Pflegebefohlenen wohl Selbstbeherrschung predigen können, wenn du selbst Sklave der Spielsucht bist? Wird dein Exempel nicht auf deine Kleinen Einfluß haben und ihnen Neigung zum Kartenspiele beibringen?

Also, Freund! der du mit dieser Sucht behaftet bist, wähle! Entsage dem Kartenspiele oder der Erziehung, weil beide sich so wenig miteinander vertragen, wie die Arbeiten in einem Hammerwerke mit dem Spielen auf der Harmonika.

So glaube ich dir denn die Frage: Wo soll ich denn die Zeit hernehmen, dies alles zu erlernen? hinlänglich beantwortet zu haben. Entsage nur allen den Gewohnheiten, die Zeit zu verschwenden, die du bisher angenommen hattest, so wirst du überflüssige Zeit haben, das alles zu erlernen, was das Erziehungsgeschäft erleichtern und begünstigen kann.

9. Suche mit einer Familie oder einer Erziehungsgesellschaft in Verbindung zu kommen, deren Kinder oder Pflegesöhne sich durch einen hohen Grad von Gesundheit auszeichnen.

Warum? Das wirst du leicht erraten. Wenn du Erzieher werden willst, so mußt du auch lernen, deine Pflegebefohlenen gesund zu erhalten. Dazu könntest du dir zwar auch die nötigen Kenntnisse in den Schulen der Ärzte und aus den Büchern, die sie schreiben, erwerben; ich glaube aber, du erwirbst sie dir leichter und sicherer im Umgange mit Personen, die es bewiesen haben, daß sie zur Erhaltung der Gesundheit der Kinder die nötige Einsicht und Geschicklichkeit besitzen. Siehe! der Baumgärtner hat mehrere tausend junge Bäume unter seiner Aufsicht, die bei seiner Pflege wachsen und gedeihen, ohne daß er eine genaue Kenntnis ihrer innern Teile besitzt, ohne Physiologie der Pflanzen studiert zu haben. Er lernte die Behandlungsart derselben von dem Exempel seines Vaters oder Lehrmeisters.

Auf ähnliche Art wirst du auch lernen können, die Gesundheit der Kinder zu erhalten. In dem Umgange mit den Personen, mit denen ich dir rate, in Verbindung zu kommen, wirst du sehen, wie sie die Kinder behandeln, um ihrem Körper Kraft und Festigkeit zu verschaffen, und was sie mit ihnen thun, wenn sie sich übel befinden.

Im letztern Falle mußt du dreierlei verstehen: zu erfahren, wo es den Kindern fehle, was ihr Übelbefinden veranlaßt habe, und das einfache Mittel, wodurch die Unordnung im Körper gehoben werden könne.

Alles dies wird weit sicherer durch den Umgang mit solchen Personen, unter deren Aufsicht die Kinder gedeihen, als durch ärztliche Vorlesungen und Bücher erlernt, weil man bei dem erstern die Sachen durch die Anschauung und bei diesen durch die Beschreibung wahrnimmt, bei deren Anwendung man sich so leicht irren kann.

10. Suche dir eine Fertigkeit zu erwerben, die Kinder zur innigen Überzeugung von ihren Pflichten zu bringen.

Wie nötig dies sei, habe ich vorhin gezeigt. Sobald die Überzeugung da ist, entsteht auch der Entschluß zur Pflichterfüllung. Das Kind thut nun seine Pflichten, nicht weil sie von anderen geboten, nicht wegen der Belohnungen und Strafen, die mit der Erfüllung und Vernachlässigung derselben verknüpft sind, sondern weil es überzeugt ist, daß es notwendig so sein muß.

Deswegen denke selbst oft über deine Pflichten nach und suche dich von der Verbindlichkeit, sie zu erfüllen, zu überzeugen. So lange dir diese Überzeugung fehlt, so lange du nur durch die Umstände dich zur Pflichterfüllung bestimmen läßt, so lange wird es dir auch schwer sein, sie mitzuteilen, und deine Ermahnungen werden so kalt und Unwirksam sein, als die Predigten eines Jakobiners von den Pflichten der Unterthanen gegen die Obrigkeit. Bist du aber dazu gelangt, so wirst du auch Drang empfinden, sie auf deine Kleinen zu übertragen, der dich beredt machen und deinem Vortrage die nötige Wärme und Wirksamkeit verschaffen wird. Was von Herzen kommt, geht wieder zu Herzen.

Ist z. E. die Überzeugung von der Pflicht der Selbstbeherrschung bei dir lebendig geworden, so wird sie dir auch stets gegenwärtig sein, und du wirst sie deinen Kleinen leicht anschaulich machen können.

Übe dich nun darin, durch anschauliche Darstellung der Pflichten die Kinder zur Überzeugung davon zu bringen. Jede Übung verschafft Fertigkeit, und je öfter sie wiederholt wird, desto mehr Vorteile, leicht zum Zweck zu kommen, zeigt sie uns.

Dieser Zweck ist bei der Erziehung in moralischer Hinsicht doppelt: erstlich den von ihren Pflichten überzeugten Kindern zur Erfüllung Neigung einzuflößen; zweitens sie zu bestimmen, gewisse Pflichten sogleich auszuüben. Beide Zwecke wirst du erreichen, wenn du eine Fertigkeit dir erwirbst, alles recht anschaulich darzustellen und die Pflicht gleichsam zu versinnlichen.

Da der Mangel an Geisteskraft die erste und vorzüglichste Ursache ist, warum die Kinder gegen die Pflicht Abneigung haben und auch dann, wenn die Neigung wirklich da ist, sie doch sehr oft vernachlässigen, so mußt du dich mit einem Vorrate von Bildern versehen, unter denen du die Notwendigkeit, nach seinen Einsichten zu handeln und die Sinnlichkeit zu beherrschen, damit unsere geistige Kraft immer die regierende, der Leib mit seinen Begierden die gehorchende sein müsse, vorstellest. Dieses kannst du versinnlichen durch das Bild eines Reiters, eines Hausvaters, eines Fürsten, kannst zeigen, daß nicht das Roß, nicht das Gesinde, nicht die Unterthanen, sondern der Reiter, der Hausvater und der Fürst regieren, und das Roß, das Gesinde, die Unterthanen gehorchen müssen, wenn alles gut gehen soll; daß das Schicksal eines Reiters sehr traurig sei, der sein Pferd nicht bändigen und regieren kann; daß der Hausvater und Fürst, die von ihren Untergebenen sich müssen vorschreiben lassen, sich eben so übel befinden, und dies der nämliche Fall mit einem Menschen sei, dessen Geisteskraft so schwach ist, daß er die Begierden nicht bändigen kann, und ihren Forderungen nachgeben muß.

Du mußt dir ferner eine Fertigkeit zu erwerben suchen, die Pflichten zu personifizieren oder Personen zum Muster aufzustellen, die sich durch Erfüllung gewisser Pflichten auszeichneten. Dazu findest du reichlichen Stoff in den Schriften für Kinder, welche erdichtete Erzählungen enthalten, deren Zweck Veredelung der Gesinnung ist. Noch weit mehr wirst du aber wirken, wenn du die Beispiele von wirklichen Personen aus der alten und neuen Geschichte sammelst, die du deinen Kleinen als Muster in Erfüllung gewisser Pflichten vorstellen kannst. Erzähle ihnen z. E. die edle Handlung des Herrn von Montesquieu, der in der Stille einen in barbarischer Sklaverei seufzenden Hausvater loskaufte, ihn kleiden ließ und seiner trauernden Familie wieder schenkte, ohne es merken zu lassen, wem sie diese Freude zu verdanken habe; oder die Gewissenhaftigkeit jenes Mennoniten, der, als er von einem feindlichen Offizier genötigt wurde, ihm ein Gerstenstück zum Abmähen für die Pferde zu zeigen, denselben vor den Äckern seiner Nachbarn vorbeiführte und ihm sein eignes Gerstenstück zeigte — und du wirst gewiß wahrnehmen, daß deine kleinen Zuhörer das Edle dieser Handlungen innig fühlen und von dem Entschlusse werden belebt werden, ebenso zu handeln.

Willst du aber deine Kleinen dahin bringen, daß sie gewisse Pflichten sogleich erfüllen, so mußt du dir eine Fertigkeit erwerben, ihnen die Notwendigkeit derselben recht anschaulich zu machen. Dies kann geschehen, wenn du sie das Unschickliche der Vernachlässigung recht innig fühlen läßt. Gesetzt, der kleine Hieronymus sollte dahin gebracht werden, zu gewissen Stunden bestimmte Arbeiten zu machen, und weigere sich dessen, so könntest du sagen: Wenn du glaubst recht zu haben, so wollen wir es zum

Gesetz machen, daß jedes Glied unserer kleinen Gesellschaft in der Arbeitsstunde vornehmen kann, was es will, spielen, singen, umherlaufen, wie es will. Er wird das Ungereimte einer solchen Verordnung sogleich fühlen und sich zur Arbeit bequemen; oder du kannst auch nur kurzweg fragen: Willst du, daß alle Kinder so handeln sollen? und wenn er sich merken läßt, daß er das Unschickliche davon fühle, kannst du weiter fragen: Aus welchem Grunde willst du denn eine Ausnahme von der Regel machen?

Ein andermal, wenn er eine gewisse Pflicht vernachlässigt, kannst du auch fragen: Hältst du mich für einen rechtschaffnen Mann? wirklich? wie kannst du mir denn zumuten, daß ich der Vernachlässigung deiner Pflichten nachsehen soll? Thut das ein rechtschaffner Mann? Würdest du mich nicht selbst verachten müssen, wenn ich mein Aufseheramt gewissenlos verwaltete und zur Vernachlässigung deiner Pflichten schwiege?

Durch solche und ähnliche Behandlungen wirst du viel bewirken, deine Pflegebefohlenen zur Kenntnis und Überzeugung von ihren Pflichten bringen, in ihnen der Entschluß, sie zu erfüllen, erzeugen, sie gewöhnen, pflichtmäßig zu handeln, und nur selten in die Notwendigkeit versetzt werden, ihnen ihre Verirrungen durch Strafen fühlbar zu machen.

11. Handle immer so, wie du wünschest, daß deine Zöglinge handeln sollen!

Jedes Kind hat, wie ich schon bemerkt habe, einen Hang so zu handeln, wie es andere handeln sieht, und es ist geneigter, Handlungen nachzuahmen, als Ermahnungen und Vorschriften zu befolgen.

Dein stetes Bestreben muß also dahin gehen, deinen Zöglingen in jeder Hinsicht Muster zu sein, und die Belehrungen, die du ihnen giebst, durch dein Beispiel zu bestätigen. Kinder haben ein ungemein feines Gefühl und bemerken jeden Fehler ihres Erziehers. Sie vor ihnen zu verbergen, ist eine vergebliche Bemühung; sie zu verteidigen, heißt sie ihnen empfehlen. Das einzige Mittel, zu verhüten, daß deine Fehler keinen nachteiligen Einfluß auf sie haben, ist — daß du sie ablegst.

Ehe du dich also entschließest, Erzieher zu werden, prüfe dich wohl, ob dir deine moralische Besserung ein Ernst sei, und du dir hinlängliche Kraft zutrauest, deinen Kleinen in jeder Hinsicht Muster zu sein. Ist dies bei dir der Fall nicht, so entsage lieber diesem Geschäfte, bei welchem du doch nicht viel Gutes stiften wirst, und wähle ein anderes, bei welchem dein Beispiel für deine Mitmenschen weniger ansteckend ist.

Fühlst du aber bei dir Entschlossenheit und Kraft, deinen Kleinen in jeder Rücksicht Muster zu werden, so widme dich diesem wichtigen Geschäfte mit Freudigkeit und rechne auf einen gesegneten Erfolg desselben. Je eifriger du es treibst, desto vollkommner wirst du selbst werden.

Deine Pflegebefohlnen werden deine Erzieher sein, manchen deiner Fehler, der deiner Aufmerksamkeit entging, dir bemerklich machen und dich reizen, ihn abzulegen. Dein Beispiel wird auf sie wirken, jeder deiner Ermahnungen den nötigen Nachdruck geben, und so wie sie durch den steten Umgang mit dir deine Mundart, so werden sie auch deine Tugenden annehmen.[1]

Schlußermahnung.

Das bekannte Sprichwort: Non ex quovis ligno fit Mercurius[40] kann auch auf den Erzieher angewendet werden. So wie es nicht jedem Menschen gegeben ist, ein Maler oder Dichter, auch bei dem besten Willen und der besten Anweisung, zu werden, so ist es auch nicht jedes Menschen Sache, das Geschäft der Erziehung mit gutem Erfolg zu treiben. Es gehört dazu eine eigene natürliche Anlage. Man kann in hohem Grade rechtschaffen und weise sein, viele Wissenschaft und mannigfaltige Geschicklichkeit besitzen und doch, wenn jene Gabe fehlt, unvermögend sein, auf Kinder zu wirken und sie zu lenken.

Prüfe dich also wohl! Hast du die Winke, die dir in dieser Schrift gegeben wurden, befolgt, so beobachte, was dies für Wirkung auf deine Kleinen thue, ob sie gern in deiner Gesellschaft sind, ob deine Vorstellungen auf sie Eindruck machten und deine Erinnerungen von ihnen befolgt werden. Sollte dies der Fall nicht sein, so entrüste dich nicht gegen sie, sondern untersuche, wo du gefehlt habest. Könntest du bei einer fortgesetzten Untersuchung nichts an dir bemerken, was abzuändern wäre, und daß du, auch bei dem redlichsten Bestreben, wenig bei ihnen ausrichten, ihre Liebe und ihr Zutrauen nicht erwerben könntest, so wäre dies wohl ein bedeutender Wink der Vorsehung, daß sie dich nicht zur Erziehung, sondern zu irgend einem andern Geschäfte bestimmt habe, und du thust wohl, wenn du diesen Wink befolgest. Du wirst bei fortgesetzter Selbstprüfung gewiß eine vorzügliche Neigung und Anlage zu irgend einem andern Geschäfte finden. Der Vater der Menschen hat jedes seiner Kinder gut ausgestattet, jedem sein Pfund gegeben, mit dem es wuchern, das es durch gute Anwendung vergrößern und zur Beförderung seines und des Wohls seiner Brüder benutzen kann. Folge also dem Winke der Vorsehung und widme dich dem Geschäfte, zu dem du dich berufen fühlst. Du wirst es mit Vergnügen treiben, es gut ausrichten und damit viel Gutes wirken.

Wolltest du hingegen ferner der Erziehung, bei aller Unfähigkeit zu derselben, dich weihen, so würdest du dir und deinen Pflegesöhnen das Leben verleiden und bei dem besten Willen ihrem Charakter eine schiefe Richtung geben.

Findest du aber, daß der Umgang mit Kindern dir Freude macht, daß sie an dir mit ganzem Herzen hängen, daß du sie mit Leichtigkeit lenken kannst, dann glaube, daß der Weltregierer dich zur Erziehung derselben berufen habe. Folge seinem Rufe mit Freudigkeit und sei versichert, daß der Lohn deiner Berufstreue sehr groß sein werde, daß du im Kreise deiner Pflegebefohlenen immer Aufheiterung finden, von deinen Arbeiten reiche

Früchte sehen und durch dieselben einen sehr beträchtlichen Beitrag zur Beförderung des Wohls der Menschenfamilie geben wirst!

Anmerkungen.

1 Die Gereokomie, d. i. die Methode, durch Einatmung der jugendlichen Ausdünstungen den alternden Körper zu verjüngern, beruht auf einem aus dem Altertume stammenden Irrtume. Siehe 1. Kön. 1. Auch Hufeland erzählt in seiner Makrobiotik (Univ.-Bibl. Nr. 481-484) von der Anwendung derselben. Die Ausdünstungen der Kinder in den Schulräumen sind wegen der Kohlensäure u. dergl., die sie enthalten, der Gesundheit nur schädlich, während der Sauerstoff, der so notwendig für die Atmung ist, bald verzehrt wird. Es ist deshalb in gesundheitlicher Hinsicht dringend notwendig, nach jeder Unterrichtsstunde in geschlossenen Räumen, frische Luft in diese einzuführen. Wohl hat dagegen Salzmann Recht, wenn er sagt, daß die beständige Munterkeit und Fröhlichkeit der Jugend erfrischend auf das Gemüt des Lehrers einwirken. Der herzliche Verkehr, der tägliche Umgang mit der frohen Jugend bewahrt das Herz des Erziehers vor düsterer Melancholie und finsterer Misanthropie. Dagegen ist die körperlich und geistig anstrengende Thätigkeit des Lehrers gewiß der Grund, daß nach statistischen Nachweisen der Lehrerstand in Bezug auf sein Durchschnittslebensalter nicht hoch steht.

2 Über das „Krebsbüchlein" siehe Einleitung. Das Titelbild dieser Schrift zeigte einen alten und drei junge Krebse in einem Teiche mit der Unterschrift: „Faciam, mi papule, si te idem facientem prius videro" (Ich werde's thun, mein Väterchen, wenn ich zuvor sehen werde, daß du's thust).

3 Nach unserer heutigen Kenntnis stimmt der von Salzmann geschilderte Vorgang bei den Ameisen nicht mit der Wirklichkeit. Man unterscheidet bei den Ameisen: a) geflügelte Männchen, b) geflügelte Weibchen, c) verkümmerte, ungeflügelte Weibchen oder geschlechtslose Arbeiter. An schönen Augustabenden erheben sich die geflügelten Männchen und Weibchen in die Luft, wobei die Begattung im Fluge vor sich geht. Das Aufschwingen in die Luft geschieht also nicht nach geschehener Begattung, wie Salzmann irrtümlich meint, sondern vor derselben. Nach der Begattung kommen die männlichen Ameisen um, wogegen die Weibchen sich selbst die Flügel abstreifen und neue Kolonien gründen. Die Erziehung wird durch die dritte Art besorgt.

4 In den Jahren 1785-91 gab Joh. Heinr. Campe unter Mitwirkung von Gedike, Resewitz, Trapp, Salzmann, Lieberkühn, Funk u. a. in 16 Bänden „Allgemeine Revision des gesamten Schul- und Erziehungswesen von einer Gesellschaft praktischer Erzieher" heraus. In diesem Werke werden die wichtigsten Fragen der Erziehung im Sinne der von Rousseau und den Philanthropen angebahnten Reform behandelt. Die Arbeiten dieses Sammelwerkes enthalten namentlich in Bezug auf leibliche Erziehung und

Elementarunterricht manches Brauchbare; teilweise waren sie aber auch nur Übersetzungen von Lockes Gedanken über Erziehung und von Rousseaus Emil (Univ.-Bibl. Nr. 901-908), mit zahlreichen Glossen der Herausgeber versehen. Getadelt wird an „diesem bedeutendstem Denkmal des philanthropischen Zeitalters" die bisweilen zu sehr hervortretende einseitige Richtung auf das materiell Nützliche, insonderheit in den Originalarbeiten, die von Campe selbst herrühren, von dem es heißt, daß er das Verdienst dessen, der bei uns den Kartoffelbau einheimisch gemacht, oder das Spinnrad erfunden hatte, höher anschlug als das Verdienst des Dichters einer Ilias und Odyssee.

5 Der große Philosoph Immanuel Kant (1724-1804) hielt in Königsberg auch Vorlesungen über Pädagogik, hat aber kein eigentliches System der Pädagogik hinterlassen (s. Kant: Über Pädagogik, herausgegeben von Th. Vogt, Verlag von Beyer & Söhne, Langensalza). Salzmann denkt an das von Kant aufgestellte Prinzip der Moralität: „Thue die Pflicht um der Pflicht willen!" Dieses ist Kant das höchste sittliche Ziel, und zu dieser sittlichen Freiheit soll der Mensch erzogen werden.

6 Dieser Satz klingt etwas paradox, ist aber, wie Salzmann nachweist, für den Erzieher ernst und wichtig. Da Salzmann in Bezug auf sein anthropologisches Prinzip auf dem Boden des Naturalismus stand, so suchte er auch nie den Urgrund aller Fehler und Untugenden in der angeborenen Verderbtheit der menschlichen Natur, im Menschen selbst, sondern stets außerhalb desselben. Auch in Salzmanns anderen Schriften kehrt dieser Gedanke wieder. In der Vorrede zum „Krebsbüchlein" heißt es: „Der Grund von allen Fehlern, Untugenden und Lastern der Kinder ist mehrenteils bei dem Vater oder der Mutter, oder bei beiden zugleich zu suchen. Es klingt dies hart, und ist doch wahr." Und am Schlusse der Vorrede: „Eltern und Erzieher! Wenn eure Kinder Untugenden und Fehler an sich haben: so sucht den Grund davon nicht in ihnen, sondern — in euch." Im 19. Kapitel von „Konrad Kiefer" sagt Salzmann: „So lernen diejenigen Eltern auch immer besser ihre Kinder erziehen, die fein bescheiden gute Lehren annehmen und den Grund von den Fehlern, die die Kinder angenommen haben, erst in sich suchen." Schon Rousseau stellte in seinem „Emil" den ähnlich klingenden Satz auf: „An allen Lügen der Kinder ist der Erzieher schuld." So versucht man auch jetzt vielfach die Schule für die angebliche Zunahme der Verrohung und Verwilderung der Bevölkerung, für die Zunahme der Verbrechen, verantwortlich zu machen. Trifft der Schule hierin ein Vorwurf, so kann das Maß desselben nur gering sein. Außer ihr kommen noch viele andere Erziehungsfaktoren in Betracht, auf die die Schule wenig oder gar keinen Einfluß hat.

7 Daß die Pflege des früh im Kinde wach werdenden Thätigkeitstriebes nicht erst der Schule anheimfallen muß, sondern daß sie schon im

Elternhause bezw. durch den Kindergarten stattzufinden hat, habe ich in meiner Schrift: „Einfluß des Fröbelschen Kindergartens auf den nachfolgenden Schulunterricht" näher dargelegt. Daß die Schule die Selbstthätigkeit der Kinder ebenfalls fördern soll, ist selbstredend. Niemals soll der Lehrer dem Schüler jene Arbeit abnehmen, die dieser selbst zu leisten vermag. Was dessen Geisteskräften nur erreichbar ist, das gebe man ihm nicht fertig, nein, darnach gestatte man ihm nur seinen Geist auszurecken. Kehr sagt: „Selbstsuchen, selbstsehen, selbstfinden, selbstthätig sein, hält den Schüler geistig wach." Auch Salzmann legt großen Wert auf möglichst selbständiges Arbeiten der Kinder. In seiner Schrift: „Noch etwas über die Erziehung" heißt es: „Es ist noch sehr wenig Anleitung zum eigenen Beobachten, eigener Erforschung, eigener Erwerbung der Kenntnisse, sondern der Lehrer arbeitet den Kindern vor, unterrichtet sie von dem, was er durch seine mühsamen Arbeiten herausgebracht hat, und das Kind verhält sich mehrenteils leidend."

8 kindische = kindliche. Im vorigen Jahrhundert hatte die Endung „isch" noch nicht den Begriff des Lächerlichen; diesen hat sie erst in diesem Jahrhundert erhalten.

9 Charakter ist — wie Lindner sagt — die bleibende Art und Weise, zu handeln und zu wollen; sein Kennzeichen ist innere Übereinstimmung und Konsequenz. Fassen wir den Begriff Charakter noch schärfer, so ist er die vollständige Konsequenz des sämtlichen Wollens und Handelns durch Unterordnung desselben unter praktische Grundsätze und dieser wieder unter einen obersten praktischen Grundsatz. Das letzte Ziel aller Erziehung ist nach Herbart die Heranbildung des sittlichen Charakters oder, wie er es nennt, Charakterstärke der Sittlichkeit. Sittlichkeit und Charakter stehen im engen Verhältnis zum Wollen. Ohne Wollen keine Sittlichkeit, kein Charakter, da wir mit Charakter die Konsequenz des Denkens und Handelns, angeregt von bewußten Beweggründen und geleitet von bewußten festen Grundsätzen, bezeichnen. Von einem Charakter ist deshalb beim Kinde nicht gut zu sprechen; es läßt sich vielmehr durch die Eingebung des Augenblicks und der Umgebung, durch Beispiel und Überredung bestimmen. Es soll erst zum Charakter erzogen werden. Zur Entwickelung eines guten und großen Charakters ist a) eine günstige Naturanlage, b) die Vielseitigkeit und Einheitlichkeit des Unterrichts, welcher kenntnisreich macht und gleiche Gedanken mit möglichst vielen verschiedenen Vorstellungen verknüpft, sie aber alle einer Einheit, der Sittlichkeit, unterordnet, nötig; ferner ist c) namentlich die richtige Gewöhnung notwendig. Die letztere ist für die Entwickelung des sittlichen Charakters sehr wichtig, da sie die Individualität veredelt, die Geisteskräfte, besonders das verständige und vernünftige Denken stählt, das Gedächtnis des Willens bildet und so die Schnelligkeit und Konsequenz des Entschlusses und

Handelns fördert, und viele Tugenden zur Gewohnheit macht. Was Salzmann hier unter Charakter meint, nennen wir jetzt nach heutigem psychologischen Sprachgebrauch Individualität, d. i. die Summe der allgemeinen und besonderen Merkmale oder die Eigentümlichkeiten eines Menschen. Die Individualität wird bestimmt: a) durch die körperliche Beschaffenheit nach Alter und Geschlecht, Gesundheit oder Kränklichkeit, Naturell u. s. w., b) durch das Temperament, c) durch die besondere Richtung der natürlichen Anlagen, d) durch die Erziehung. Comenius unterscheidet in seiner Didactica magna sechs Haupttypen von Schülerindividualitäten: a) die Scharfsinnigen, Lernbegierigen, Bildsamen, b) diejenigen, die zwar scharfsinnig sind, aber langsam und hierbei gefügig, c) die Scharfsinnigen und Lernbegierigen, aber dabei Trotzigen und Verstockten, d) die Willfährigen und zugleich Lernbegierigen, aber Langsamen und Schwerfälligen, e) jene, die schwachsinnig und überdies nachlässig und träge sind, f) die Schwachköpfe, die überdies noch von verkehrter und bösartiger Beschaffenheit sind. — Es ist eine Hauptaufgabe der Erziehung, die Individualität des Zöglings soviel als möglich unversehrt zu erhalten. Es ist deshalb Pflicht des Erziehers, die Individualitäten seiner Schüler zu erkennen und diese bei seiner Erziehung und seinem Unterrichte zu berücksichtigen. Doch darf er der Individualität nicht einen allzu freien Spielraum einräumen, da sonst leicht Sonderlinge, Hartköpfe und Egoisten erzogen werden. Deshalb ist in Hinsicht auf die Beachtung der Individualität der richtige allgemeine Grundsatz der: „Der Erzieher erforsche die Individualität seiner Zöglinge und bilde sie so, daß sie sich stets in Übereinstimmung mit der Mehrheit des gebildeten und edleren Teiles der menschlichen Gesellschaft befindet." (Petzold.)

<u>10</u> „Erkenne dich selbst!" war der Wahlspruch des Lakedämoniers Chilon, eines der sieben griechischen Weisen. Es war ferner die Inschrift des delphischen Apollotempels. Sokrates stellte dieses Wort jedem Einzelnen seiner Schüler als Lebensaufgabe, damit er gut handeln lerne.

<u>11</u> Aristoteles ward 385 v. Chr. zu Stagira in Thrazien geboren; in seinem 17. Jahre ward er Schüler Platos zu Athen, bei dem er 20 Jahre blieb. 343 ward er vom makedonischen Könige Philipp zur Erziehung seines dreizehnjährigen Sohnes Alexander berufen. Als Alexander später seinen Feldzug gegen Persien unternahm, gründete Aristoteles in Athen eine Philosophenschule. Er starb 323 v. Chr. zu Chalcis auf Euböa. Aristoteles ist nicht nur praktisch als Erzieher thätig gewesen, sondern er hat sich auch in seinen Schriften theoretisch vielfach mit der Erziehung beschäftigt, so in seiner „Nikomachischen Ethik" und in der „Politik". Eine besondere von ihm verfaßte Schrift über die Erziehung ist verloren gegangen. Aristoteles betrachtet die Erziehung als die schwierigste Aufgabe, die gestellt werden, und auch als die höchste, deren Lösung versucht werden kann. Das Ziel der

gesamten menschlichen Thätigkeit ist nach ihm die Glückseligkeit (Eudämonie), die sich auf die Tugend gründet. Im Unterrichte betont er vor allem das Notwendige und zum Leben Nützliche (Utilitätsprinzip), wie später auch die Philanthropen.

14 Die Aufgabe der Erziehung ist die Entwickelung und Übung aller Kräfte des Kindes, der leiblichen sowohl als auch der seelischen. Damit ist aber noch nicht das Ziel der Erziehung, wie auch das Wesen derselben festgesetzt. Dieses liegt vielmehr darin, daß das Ebenbild des Schöpfers in dem Zöglinge wieder hergestellt werde, oder in der Erreichung nicht nur der irdischen, sondern auch der himmlischen Glückseligkeit.

13 Die Laufbänke und Laufzäume (Laufbänder) wurden früher und werden auch noch jetzt angewandt, um die Kleinen eher zum Laufen zu bringen. Durch die gutartig vor die Brust gelegten Bänder bei den Laufzäumen und durch die Leisten bei den Laufbänken wird die Brust zum Schaden der Gesundheit eingeengt bezw. gedrückt. Mit Recht eifert deshalb Salzmann in seinem „Ameisenbüchlein", wie auch im „Konrad Kiefer" und in „Noch etwas über Erziehung" gegen solche unnatürliche Mittel. Schon Rousseau sagt im zweiten Buche seines „Emils": „Man lehre den Kindern nichts, was sie von selbst lernen; so z. B. nicht das Gehen. Gängelbänder als Laufkorb, Fallhut und andere Hilfen taugen nichts." Auch Kant zieht gegen die Leitbänder und dergl. zu Felde.

14 Sinnlichkeit = Sinne. Über die Übung der Sinne s. Anm. 21.

15 Für die Erreichung des Unterrichts- und Erziehungszieles ist zwar die Gesundheit des Kindes ein wesentlicher Faktor; doch ist es von Salzmann zuviel behauptet, wenn er sagt, daß bei ungesunden Kindern alle Erziehung mißlinge. Wohl erschwert die Kränklichkeit oder die Schwäche eines Kindes die Arbeit des Erziehers, da er ja bei derselben die physische Natur des Zöglings berücksichtigen muß, und von einem schwächlichen Kinde nicht das fordern darf, was er von einem gesunden verlangt. Die physische Schwäche wirkt auch oft nachteilig auf Geist und Gemüt ein, aber von einem gänzlichen Mißlingen der Erziehung bei ungesunden Kindern darf doch nicht die Rede sein. Es erfordert aber die schwächliche Beschaffenheit der physischen Natur des Schülers eine besondere Berücksichtigung seitens des Lehrers und eine gediegene pädagogische Durchbildung desselben.

16 Wenn Salzmann hier gegen die Ärzte eifert, so hat dieses seinen Grund in dem niederen Standpunkte, den die Arzneikunde im vorigen Jahrhundert einnahm. Seitdem sich aber die Medizin und ihre Hilfswissenschaften zu wirklichen Wissenschaften erhoben, und berühmte Gelehrte der Neuzeit als Virchow, Stromeyer, Koch, Schrötter, Bock, Klencke, Esmarch, Fürst, Freerichs u. a. zu ihren Vertretern zählt, ist es damit anders geworden. Dies schließt aber nicht aus, daß der Lehrer selbst verstehe, die Gesundheit seiner

Zöglinge zu fördern, und sie auch in der Gesundheitspflege zu unterweisen. Als einschlägliche Schriften seien genannt: Kirchhoff: „Gesundheitspflege"; Bock: „Bau, Leben und Pflege des menschlichen Körpers"; Correus:„Der Mensch"; Katz: „Fürs Auge"; Reclam: „Gesundheitsschlüssel", „Gesundheitslehre für Schulen"; Zwick: „Körperpflege und Jugenderziehung"; Reimann: „Die körperliche Erziehung und die Gesundheitspflege in der Schule"; Kohler: „Die Gesundheitslehre in der Volks- und Fortbildungsschule"; Gauster: „Die Gesundheitspflege im allgemeinen und hinsichtlich der Schule im besonderen"; Scholz: „Leitfaden der Gesundheitslehre"; Siegert: „Die Schulkrankheiten". — Schon Comenius, Montaigne und Rousseau forderten die Schulhygieine; diesen tritt auch Salzmann bei. Jetzt wird sogar von mehreren Seiten gefordert, daß in jeder Schulkommission ein Arzt Sitz und Stimme haben solle. Wohl ist die Mitarbeit des Arztes in der Schule wünschenswert, da die Schule weder die körperliche Gesundheit noch die geistige Frische des Schülers schädigen darf. Den Ärzten aber jeder Zeit freien Zutritt in die Schule zu gestatten, würde viele Störungen des Unterrichts herbeiführen. Dagegen ist zu fordern, daß der Gesundheitslehre der ihr gebührende Platz im Unterrichte eingeräumt werde, und daß die Seminare die angehenden Lehrer in der Schulhygieine unterweisen, diese auch bei den Prüfungen der Lehrer Prüfungsgegenstand sei, damit die Lehrer zur Erhaltung der Gesundheit der Kinder in der Schule beitragen können. Denn „gerade während der Schulzeit ist die körperliche Kultur sehr wichtig: erstens, weil der jugendliche Körper des Schülers allen Schädlichkeiten der Umgebung mehr offen steht und unter den Folgen übler Angewöhnungen mehr leidet, als der abgehärtete Körper des Erwachsenen, und zweitens, weil der Unterricht durch den Zwang des Stillsitzens in dicht besetzten Schulstuben, sowie durch die andauernde geistige Anstrengung auf die Gesundheit des Kindes leicht ungünstig einwirken kann." (Lindner.) Daß die Forderung Salzmanns und der anderen Philanthropen: die Schule habe das leibliche Wohl der Schüler zu berücksichtigen und zu fördern, so wichtig ist, geht daraus hervor, daß der Körper die Wohnung und das Werkzeug der Seele ist. Deshalb spricht auch Rückert:

„Ein gutes Werkzeug braucht zur Arbeit der Arbeiter,
Und gute Waffen auch zum Waffenstreit ein Streiter.
Du Streiter Gottes und Arbeiter, merk's, o Geist,
Daß deines eignen Leibs du nicht unachtsam seist
Das ist dein Arbeitszeug, das ist dein Streitgewaffen,
Das halte wohl im Stand, zu streiten und zu schaffen!
O, wie du dich bethörst, wenn du den Leib zerstörst,
Der dir so angehört, wie du Gott angehörst.
Wie du Gott angehörst, so hört dein Leib dir an,
Und ohne deinen Leib bist du kein Gottesmann."

<u>17</u> Hier tritt Salzmann in Gegensatz zu Pestalozzi, der in seiner Schrift: „Wie Gertrud ihre Kinder lehrt" (Univ.-Bibl. Nr. 991. 992) die Behauptung aufstellt: „Der Mensch ist selbst der erste Vorwurf der Anschauung" und diesem Satze gemäß den Körper des Kindes und seine Glieder zuerst als Betrachtungsobjekt behandelt wissen will, wozu er im „Buch der Mütter" Anleitung gab. Die neuere Pädagogik stellt sich dagegen auf den Standpunkt Salzmanns und stimmt den Worten von Türks, der 1808 in Ifferten bei Pestalozzi weilte, bei. Türk sagt: „Ich hatte schon früher die Idee des Buches der Mütter als gut anerkannt, aber die Wahl des Gegenstandes der dort aufgestellten Übungen: des menschlichen Körpers gemißbilligt; ich erachte die Umgebungen des Kindes im Hause und in der Natur für weit mehr dazu geeignet."

<u>18</u> Mit Recht tadelt Salzmann das Verfahren, Naturgeschichte zu lehren, ohne die Kinder selbst in die Natur einzuführen. Schon Rousseau sagte: „Eure Philosophen lernen die Naturgeschichte in den Naturalienkabinetten, sie besitzen Flitterkram, wissen Namen und haben durchaus keine Idee von der Natur." Auch in seiner Schrift: „Noch etwas über die Erziehung" zieht Salzmann gegen den naturgeschichtlichen Unterricht, der sich nicht auf Anschauung der Natur selbst stützt, zu Felde. Gewiß ist es jetzt bedeutend besser damit geworden; doch wird der naturgeschichtliche Unterricht noch vielfach in zu wissenschaftlicher Weise erteilt, indem man sich zu sehr an das System hält, während doch die Einführung der Kinder in die Natur selbst die Hauptsache sein sollte. Verbesserungsbestrebungen machen sich in neuester Zeit geltend. Es sei in dieser Hinsicht hingewiesen auf die Schriften von Junge: „Der Dorfteich"; Baade: „Zur Reform des naturgeschichtlichen Unterrichts"; Twiehausen: „Der naturgeschichtliche Unterricht in ausgeführten Lektionen"; Vögler: „Präparationen für den Naturgeschichtsunterricht"; Kießling und Pfalz: „Methodisches Handbuch für den Unterricht in der Naturgeschichte". Was Salzmann weiter vom naturgeschichtlichen Unterricht sagt, gilt auch namentlich vom ersten Schulunterricht. Seine Lehrbeispiele, die er im Nachfolgenden giebt, beziehen sich besonders auf diesen Unterricht. Hier ist gerade die Anschauung an ihrem Platze. Namentlich findet die Anschauung ihre Pflege in dem sog. Anschauungsunterrichte, dessen Ziel sein soll, das Kind mit der heimatlichen Umgebung, ihrer Natur und Lebewesen bekannt zu machen, weshalb er vielfach auch als „Heimatskunde" bezeichnet wird. Der angehende Lehrer, dem bekanntlich gerade dieser so wichtige Unterricht obliegt, sei auf folgende Schriften hingewiesen: Wernecke: „Praxis der Elementarklasse"; Strübing: „Sprachstoffe"; Harder: „Anschauungsunterricht"; Jütting-Weber: „Anschauungsunterricht und Heimatskunde"; Wiedemann: „Präparationen"; Wagner: „Entdeckungsreisen in Haus und Hof, in Wald und Feld &c."; Breiden: „Der Anschauungsunterricht"; Fuhr und Ortmann: „Anschauungsunterricht";

Niedergesäß: „Anschauungsunterricht"; Stieber: „Anschauungsunterricht im Anschlusse an die Pfeifferschen und Winkelmannschen Bilder"; Heinemann: „Handbuch für den Anschauungsunterricht und die Heimatskunde"; Seidel: „Materialien für den Anschauungs- und Sprachunterricht im ersten Schuljahre"; Fischer: „Sprachstoffe zu Leutemanns fünfzehn Tierbildern"; Richter: „Der Anschauungsunterricht".

19 Die lateinischen Namen der Pflanzen sind für die Kinder der Volksschule nur toter Ballast. Auch hier gilt das Wort: „Res, non verba." Was nützen den Kindern die Namen der Naturdinge, zumal die lateinischen, wenn ihnen die Kenntnis der Naturkörper selbst abgeht? Hauptsache ist die Betrachtung der Natur selbst; dann mag der Name hinzutreten, aber nur der deutsche. Man hüte sich, den Naturgeschichtsunterricht in bloße Nomenklatur aufgehen zu lassen; die Gefahr liegt aber bei dem bloßen Angeben der Namen sehr nahe. Viel ist in dieser Hinsicht auf dem Gebiete des naturgeschichtlichen Unterrichts gesündigt worden, weshalb die Reformbestrebungen, von denen die Arbeiten von Junge, Kießling und Pfalz, Twiehausen, Baade und Vögler zeugen, freudig zu begrüßen sind.

20 In Bezug auf dieses Erraten der Pflanzen, wie Salzmann es will, sei erinnert an das Versteckspiel, das Wolke mit den Zöglingen beim großen Examen am Dessauer Philanthropin aufführte, von wo es Salzmann entlehnt hat (s. Schummel: Fritzens Reise nach Dessau).

21 Unter Empfindungsvermögen versteht Salzmann, was wir nach dem heutigen psychologischen Sprachgebrauche Sinnesvermögen nennen. Salzmann nennt dieses Empfindungsvermögen, weil die ersten einfachen Eindrücke, die uns durch die Sinne zugehen, Empfindungen genannt werden, aus denen dann die Wahrnehmungen, Anschauungen und Vorstellungen hervorgehen. Die Übung der Sinne des Kindes ist sehr wichtig. Deshalb fordert auch Rousseau: „Erst Übung der Sinne, dann Übung der Geisteskräfte! Sinnenvernunft vor intellektueller Vernunft! Denn die ersten Vermögen, die sich in uns bilden und entwickeln, sind die Sinne. Übt nicht bloß die Kräfte der Kinder, übt alle Sinne, welche die Kräfte regieren, benutzt möglichst jeden Sinn, prüft die Eindrücke des einen Sinnes durch die anderen. Meßt, zählt, wägt, vergleicht!" Und Comenius sagt: „Anfangs übe man die Sinne, dann das Gedächtnis, hierauf den Verstand, zuletzt das Urteil. Denn die Wissenschaft beginnt mit der sinnlichen Wahrnehmung." Und Salzmann schreibt in seiner Schrift: „Über die Erziehungsanstalt zu Schnepfenthal": „Da wir alle unsere Kenntnisse durch die Sinne bekommen, die den Stoff liefern, aus dem die Vernunft ihre Begriffe abzieht, so ist es wohl sehr nötig, daß zuerst die Sinne geübt werden," und in seinem „Himmel auf Erden": „Das richtige Empfinden wird am besten in der ersten Jugend gelernt, wenn die mit der Welt noch unbekannte Seele auf die Dinge, die um sie sind, aufmerksam gemacht und

angeleitet wird, sie selbst zu beobachten und darüber selbst zu urteilen." Wie vorteilhaft es für den Schulunterricht ist, wenn die Sinne der Kinder bereits im vorschulpflichtigen Alter durch den Kindergarten geübt und geschärft worden sind, habe ich in meiner Schrift: „Der Einfluß des Fröbelschen Kindergartens auf den nachfolgenden Schulunterricht" nachgewiesen. (Verlag von Siegismund & Volkening, Leipzig.) Daß die Übung der Sinne auch auf den oberen Schulstufen zu pflegen ist, ist selbstredend.

<u>22</u> Mit Eifer tritt Salzmann gegen das bloße Wortlernen auf und betont, wie es nachher auch von Pestalozzi geschah, die Anschauung, besonders auf den unteren Stufen. Auch Basedow verlangt in seinem „Methodenbuche": „keine Worte und Sätze zu lehren, mit denen die Kinder noch falsche Begriffe verbinden." Locke sagt: „Nicht durch Worte, sondern durch Dinge und Abbildungen der Dinge erhalten die Kinder die ersten Vorstellungen." Bei Comenius heißt es: „Alles muß der sinnlichen Anschauung unterstellt werden." Gegen Salzmanns Forderung, daß man bei dem Sprachunterrichte z. B. anfänglich lauter solche Bücher gebrauchen müsse, bei deren Lesung nur Vorstellungen in den jungen Seelen erzeugt werden, die sie entweder selbst durch die Anschauung bekommen haben, oder die doch mit denselben in Verwandtschaft stehen, verstoßen z. B. die meisten unserer Fibeln. So bringt z. B. eine viel gebrauchte Fibel in ihren Übungsgruppen Wörter, deren Inhalt den Kindern ganz fern liegt. Ich nenne nur: Domino, Delta, Indien, Tiber, Xerxes, Xantippe, None u. a.

<u>23</u> Auch der fremdsprachliche Unterricht muß, wie Salzmann mit Recht bemerkt, die Anschauung zur Grundlage haben. Wie viele Vokabeln, Sätze u. s. w. müssen die Kinder aber lernen, deren Inhalt ihnen ganz fremd ist. Auch die heterogensten Übungssätze werden ihnen vorgeführt. In der französischen Sprache hat man nun schon angefangen, dieselbe auf Grundlage der Anschauung zu lehren. So Lehmann in seinem „Lehr- und Lesebuche der französischen Sprache nach der Anschauungsmethode", Ducotterd und Mardner: „Lehrgang der französischen Sprache auf Grund der Anschauung". In seiner Schrift: „Noch etwas über die Erziehung" giebt Salzmann seine Lehrweise der fremden Sprachen an: „Erst wird über die verschiedenen Produkte der Natur, die zusammengebracht werden, lateinisch (französisch) gesprochen, das Gespräch diktiert und niedergeschrieben, dann werden zweckmäßig gewählte Schriftsteller gelesen und dabei die grammatikalischen Regeln gegeben, endlich lateinische (französische) Aufsätze gemacht." Salzmann will also die sog. direkte Methode angewandt wissen.

<u>24</u> Schon Rousseau tritt in seinem „Emil" gegen das zu frühe Bücherlesen der Kinder ein. Emil soll vor seinem 12. Jahre kein Buch in die Hand bekommen. Wenn Salzmann auch mit Recht nicht so weit geht, so sind seine Worte, mit denen er im „Ameisenbüchlein" und im „Konrad Kiefer" gegen

den zu frühzeitigen Beginn des Lesenlernens eifert, wohl beherzenswert. Er sagt mehrmals: „Kinder müssen erst gewöhnt werden, aus der Natur sich zu unterrichten, bevor man ihnen Bücher in die Hände giebt." Das Kind muß erst den Übergang finden aus dem lustigen Spielleben der Kinderstube zu der ernsten Arbeit der Schule. Mit Recht fordern deshalb namhafte Pädagogen, als Türk, Denzel, Graßmann, Graser, Lüben, Dr. K. Schmidt, Kehr u. a., daß dem Lesenlernen ein Vorkursus vorangehen müsse; ja einige von ihnen wollen erst das Lesenlernen ins zweite Schuljahr verlegt wissen. Auch die „acht Schuljahre" von Rein, Pickel und Scheller wissen von einem Leseunterrichte im ersten Schuljahre nichts. Was soll man aber sagen, wenn Kleinkinderschulen und Kindergärten den Kindern die Fibel in die Hand geben, und wenn Therese Focking die Lehrerwelt sogar mit einer „Fröbelfibel" beehrt hat?! Vgl. meine Schrift: „Der Einfluß des Fröbelschen Kindergartens auf den nachfolgenden Schulunterricht."

25 Pestalozzi widmete dem Vorsagen und Nachsprechenlassen langer und verwinkelter Sätze, deren Inhalt den Kindern oft ganz unverständlich war, viel Zeit und Kraft (vgl. „Wie Gertrud ihre Kinder lehrt", Univ.-Bibl. Nr. 991. 992). Er wollte die Kinder dadurch im Sprechen üben und ihre Sprachkraft stärken. Salzmann anerkennt auch den Wert des Nach- und des Chorsprechens, will aber nur einen beschränkteren Gebrauch davon zu machen wissen. Die heutige Pädagogik steht auf Salzmanns Seite. Auch sie betreibt das Chorsprechen, aber nur von dem, was den Kindern verständlich ist. Wiedemann führt in seinem „Lehrer der Kleinen" als Gründe für das Chorsprechen an: 1) das Chorsprechen löst vor allen Dingen die Zunge; 2) es kultiviert die Aussprache; 3) es giebt auch den Schüchternen Mut; 4) es hält bei der Stange; 5) es schützt die Kinder vor langer Weile, belebt den Unterricht. Siehe auch: Haushalter: „Das Sprechen im Chor".

26 Zur Verbesserung des ersten Leseunterrichts schrieb Salzmann „Konrad Kiefers ABC- und Lesebüchlein". Es erschien 1806.

27 In seiner Schrift: „Über die Erziehungsanstalt in Schnepfenthal" läßt sich Salzmann eingehend über die Ausbildung der Handfertigkeit aus. So sagt er: „Zur Erziehung des Menschen ist unumgänglich nötig: Übung seiner Hände und Gewöhnung, von den Werkzeugen, die der menschliche Verstand erfand, Gebrauch zu machen." In Schnepfenthal fand der Handfertigkeitsunterricht eingehende Pflege. Die Zöglinge wurden unterwiesen in Papparbeiten, Schreinerarbeit, Drechseln, Korbflechten. Besonders widmete sich der Lehrer Blasche diesem Unterrichte. Die Handfertigkeitsunterrichtsfrage ist zur Zeit eine brennende, noch unentschiedene. In zahlreichen Schriften wird für und gegen den Handfertigkeitsunterricht gestritten. Nach unserer Ansicht ist Salzmann in vollem Rechte, wenn er die Betreibung von Handarbeiten zur Kräftigung des Körpers fordert. Für eine Eingliederung derselben, zumal wenn der

Handfertigkeitsunterricht nur praktisch-formalen Nutzen gewährt und mit der Schularbeit in gar keiner Verbindung steht, können wir uns nicht begeistern. Stellt er sich aber in den Dienst des theoretischen Unterrichts, wie es z. B. die Schrift vom Seminarlehrer Magnus: „Der praktische Lehrer" für die Seminare thut, so ist die Sache eine andere. Wenn der Handfertigkeitsunterricht dagegen in selbständigen Kursen, wie in den Knabenhorten, erteilt wird, so haben wir nichts dagegen zu erinnern. Wer sich eingehender über diese heutige Tagesfrage unterrichten will, der sei verwiesen auf die Schriften: von Schenckendorff: „Der praktische Unterricht, eine Forderung der Zeit an die Schule, sein erziehlicher, volkswirtschaftlicher und sozialer Wert"; Eckardt: „Die Arbeit als Erziehungsmittel"; Hanschmann: „Die Handarbeit in der Knabenschule"; Salomon: „Arbeitsschule und Volksschule"; Gelbe: „Der Handfertigkeitsunterricht"; Rauscher: „Der Handfertigkeitsunterricht, seine Theorie und Praxis"; Barth und Niederley: „Des deutschen Knaben Handwerksbuch"; Elm: „Der Handfertigkeitsunterricht in Theorie und Praxis"; Michelsen: „Die Lehr- und Arbeitsschule zu Alfeld"; Karl Friedrich (Professor Biedermann): „Die Erziehung zur Arbeit, eine Forderung des Lebens an die Schule"; Rißmann: „Geschichte des Arbeitsunterrichtes in Deutschland"; Johs Meyer: „Die geschichtliche Entwickelung des Handfertigkeitsunterrichts"; von Schenckendorff: „Über Bedeutung und Ziel des Handfertigkeitsunterrichts"; Johs Meyer: „Der Handfertigkeitsunterricht und die Schule"; Seidel: „Der Arbeitsunterricht, eine pädagogische und soziale Notwendigkeit"; Bütow: „Die Volksschule und der Handfertigkeitsunterricht"; Kreyenberg: „Handfertigkeit und Schule".

28 In Bezug auf sein anthropologisches Prinzip stand Salzmann wie die anderen Philanthropen auf dem Boden des Rationalismus. Sie huldigten dem Grundsatze der Naturalisten: Der Mensch ist von Natur durchaus gut. (Pelagianismus.) So sagt Rousseau am Anfange des „Emil": „Alles ist gut, wie es aus den Händen des Urhebers aller Dinge hervorgeht; alles entartet unter den Händen des Menschen." An einer anderen Stelle heißt in derselben Schrift: „Stellen wir als unantastbaren Grundsatz fest, daß die ersten Regungen der Natur immer gut sind; es giebt keine ursprüngliche Verderbtheit in dem menschlichen Herzen." Auch Salzmann läßt in seinem „Konrad Kiefer" den Pfarrer sprechen: „Lieber Herr Kiefer, es giebt eine Erbsünde, eine Regung zum Bösen und eine Abneigung vom Guten, die die Kinder von ihren Eltern bekommen; sie wird ihnen aber nicht sowohl angeboren, als anerzogen." Dagegen behaupten die strengen Supranaturalisten, daß die menschliche Natur zum Guten aus eigener Kraft absolut unfähig ist. Die Wahrheit liegt wohl, wie so oft, so auch hier, in der Mitte. In der Natur des Menschen kann kein Absolut-Böses, wohl aber die Anlage zum Relativ-Bösen sein. Die gemäßigteren Supranaturalisten

beschränken ihre Ansicht auch dahin, daß dem Menschen eine Neigung zum Bösen angeboren sei, die sich in der frühesten Jugend mit Übergewicht äußere.

29 Wohl enthalten die nachfolgende Worte Salzmanns über die sittliche Erziehung manches Beherzigenswerte, wollen aber mit Vorsicht aufgenommen sein. Wenn Salzmann Verbote und Gebote als „moralische Gängelbänder" verwirft, so folgt dieses aus seinem anthropologischem Prinzipe, das auf den Naturalismus beruht. Das Kind muß den Anordnungen des Erziehers nicht folgen, weil es von deren Vernünftigkeit überzeugt ist, sondern aus Gehorsam, der in der Autorität und in der Liebe zum Lehrer beruht. Das erste Haupterfordernis der Zucht ist der Gehorsam. So fordert auch Jean Paul, daß alle Erziehung beim Gehorsam anfangen müsse. Erst auf die Stufe der Zucht folgt die Stufe der Freiheit des Willens. Doch ist die keimende Selbständigkeit des Kindes zu beachten.

30 Die Schrift: „Erster Unterricht in der Sittenlehre für Kinder von 8-10 Jahren" erschien 1803.

31 Siehe Salzmanns Anmerkung S. 52. Locke und Rousseau hatten das Baden im Freien zur Abhärtung des Körpers sehr empfohlen. Ihnen folgten die Philanthropen, indem sie dasselbe praktisch ausführten. So hatte auch Salzmann das Baden in den zu seinem Besitztume gehörigen Teichen eingeführt. Man hielt diese Neuerung vielfach als für die Gesundheit nachteilig, namentlich gab man an, daß das Baden im „kalten" Wasser die Nerven aufrege. Hierauf beziehen sich Salzmanns Worte. In neuester Zeit beginnt man Schulbäder in den Schulanstalten einzurichten wie z. B. in Göttingen, Hannover, Frankfurt am Main.

32 Die Schrift: „Heinrich Gottschalk oder erster Religionsunterricht für Kinder von 10-12 Jahren" erschien 1804; ihr folgte 1808 der „Unterricht in der christlichen Religion".

33 Nach diesen Worten scheint Salzmann wenig von einer Vorbildung zum Lehrerberufe auf einer Pflanzschule zu halten, nachdem er doch selbst kurz vorher den Umriß zu derselben entworfen hat. Als einfacheren Weg stellt er die Regel: „Erziehe dich selbst!" auf. Der Grund liegt, wie Karl Richter bemerkt, wohl darin, daß er bei seinem Plane nicht sowohl Dorfschulen und ihre Lehrer, sondern junge Theologen als Lehrer in Familien und an Privatinstituten im Auge hatte. Schon zu Salzmanns Zeit bestanden an vielen Orten Seminare, wie das Berliner Seminar, von Hecker gegründet, und die von Friedrich d. G. in Schlesien eingerichteten Seminare. Die von Salzmann gegebenen Regeln sind von den Erziehern wohl zu beherzigen; sie genügen aber durchaus nicht zur Bildung derselben. Wer selbst den Lehrerberuf nicht theoretisch und praktisch erlernt hat, wozu sich am besten unsere heutigen Lehrerbildungsanstalten mit ihren

Übungsschulen eignen, kann kein tüchtiger Erzieher sein. Deshalb wird auch bei den Prüfungen der Lehrer auf die pädagogische Ausbildung und auf die Lehrprobe das Hauptgewicht gelegt. Zu fordern ist auch, daß die Schulaufseher und Schulleiter sowohl theoretisch als praktisch pädagogisch geschult sind, was leider bis jetzt noch nicht stets der Fall ist.

34 „Der Himmel auf Erden" erschien 1797. Salzmann zeigt in dieser Schrift, daß der Mensch die Glückseligkeit nicht erst im Jenseits erwarten solle, sondern daß er sich schon hier auf Erden das Leben zu einem Himmel gestalten könne und zwar durch sittliches Handeln und treue Pflichterfüllung, durch lebendige Erkenntnis Gottes und im Umgange mit ihm, durch fromme Betrachtung seiner Werke. Eine neue Ausgabe dieser Schrift ist 1885 von August Roth besorgt worden (Minden, J.C.C. Bruns' Verlag).

35 Das Original des Robinson (Univ.-Bibl. Nr. 2194. 2195) hatte der Engländer Daniel Defoe (1661-1731) 1719 nach den Erlebnissen eines Matrosen, namens Alex. Selkirks frei bearbeitet. Campe gab dieses Buch mit vielfach eingestreuten Betrachtungen und langweiligen Belehrungen 1779 unter dem Titel: „Robinson der Jüngere" heraus. Mit dieser Zeit hat dasselbe viele Auflagen erlebt und gehört noch jetzt zu den beliebtesten und vielgelesensten Jugendschriften. Neue treffliche Bearbeitungen lieferten G.A. Gräbner, Ferd. Schmidt, Mensch, Höcker. Schon Rousseau wies in seinem „Emil" auf den Robinson hin. Er sagt: „Ein gutes Buch ist es, das mein Emil zuerst lesen soll; es wird lange Zeit ganz allein seinen Bücherschatz bilden und wird jederzeit den vornehmsten Rang in diesem einnehmen. Es soll der Text sein, von dem unsere Unterhaltung über die menschlichen Erfindungen und Wissenschaften ausgeht; es soll der Prüfstein sein, an dem ich die Fortschritte in der Urteilskraft meines Zöglings erproben will; und so lange sein Geschmack einfach und natürlich bleibt, weiß ich, wird die Lesung desselben ihm ein immer neues Vergnügen bereiten. Und was ist dies für ein wunderbares Buch? Ist es Aristoteles? Ist es Plinius? Ist es Buffon? Nein! Es ist Robinson Crusoe." Hettner sagt von dem Buch: „Es entrollt sich darin ein Bild vor uns, so groß und gewaltig, daß wir hier noch einmal die allmähliche Entwickelung des Menschengeschlechts überschauen." Und in der Vorrede der Ausgabe von Gräbner heißt es: „Der Held hat Fleisch und Blut, er tritt in voller Wahrheit vor uns hin; er zeigt sich in den Stunden der Schwäche wie in denen der Größe, wie er vom leichtsinnigen Knaben zum gottlosen Jünglinge wird, wie er zur Erkenntnis gelangt und wie oft er abermals strauchelt, ehe er das wird, was ihm die sittlich-religiöse Bedeutung für die Zwecke der Charakterbildung giebt." Die Herbart-Zillersche Schule legt den Robinson dem Gesinnungsunterrichte des zweiten Schuljahres (zweite kulturhistorische Stufe) unter. Siehe Rein: Zweites Schuljahr.

<u>36</u> Das Guts-Muthssche Spielbuch ist mehrfach, neu bearbeitet, herausgegeben worden. Zuletzt ist es 1884 in sechster Auflage vom Seminar-Oberlehrer O. Schettler unter dem Titel: „Guts-Muths' Spiele zur Übung und Erholung des Körpers und Geistes, gesammelt und bearbeitet für die Jugend, ihre Erzieher und die Freunde unschuldiger Jugendfreuden"(Hof, Grau & Co.) erschienen. Ihm sind seit dem Erlasse des preuß. Kultusministers 1882 über die Jugendspiele eine Menge neuer Sammlungen von Turnspielen gefolgt. Es seien genannt: Ambros: „Spielbuch 400 Spiele und Belustigungen für Schule und Haus"; Köhler: „Bewegungsspiele des Kindergartens"; Wagner: „Illustriertes Spielbuch für Knaben"; Stangenberger: „Spiele für die Volksschule"; Schettler: „Turnspiele für Knaben und Mädchen"; Jacobs: „Deutschlands spielende Jugend"; Bräunlich: „Kinderspiele und Liederreigen für Mädchen"; Leske: „Illustriertes Spielbuch für Mädchen"; Lier: „Turnspiele für Deutschlands Jugend"; Kohlrausch und Marten: „Turnspiele"; Bruns: „Illustriertes Kinderspielbuch"; Wießner: „Fest- und Freizeit-Spielbüchlein"; Kümpel: „Das Spiel der Jugend und seine Bedeutung für die Volksschule"; Lausch: „134 Spiele im Freien für die Jugend"; Matz: „Über die Spiele der Kinder"; Wolter: „Das Spiel im Freien"; Zander: „Über die Bedeutung der Jugendspiele für die Erziehung".

<u>37</u> Die hier genannten Schriften sind jetzt veraltet, doch an ihre Stelle neue getreten. Es seien genannt: Leunis: „Synopsis der 3 Naturreiche"; Brehm: „Illustriertes Tierleben", „Leben der Vögel"; Lenz: „Gemeinnützliche Naturgeschichte des Tierreichs"; Lüben: „Anweisung zu einem methodischen Unterrichte in der Pflanzenkunde"; Auerswald: „Botanische Unterhaltungen"; Teller: „Wegweiser durch die 3 Reiche der Natur"; Cürie: „Anweisung zur Bestimmung der Pflanzen"; Garcke: „Flora von Deutschland"; Thomé: „Lehrbuch der Botanik", „der Zoologie"; Roßmäßler: „Die 4 Jahreszeiten", „Flora im Winterkleide", „der Wald"; Postel: „Führer durch die Pflanzenwelt"; Polack: „Illustrierte Naturgeschichte"; Dietlein: „Tierkunde"; Scholz: „Tierkunde"; Eiben: „Schulnaturgeschichte des Tierreichs", „des Pflanzenreichs"; Vogel: „Erster Unterricht in der Naturgeschichte"; Twiehausen: „Der naturgeschichtliche Unterricht in ausgeführten Lektionen"; Schleiden: „Die Pflanze und ihr Leben"; Grube: „Biographien aus der Naturkunde", „Naturbilder"; Wagner: „Pflanzenkunde", „In die Natur"; Lüben: „Anweisung zu einem methodischen Unterrichte in der Tierkunde"; Masius: „Naturstudien", „Die gesamten Naturwissenschaften"; Taschenberg: „Was da kriecht und fliegt"; Schubert: „Naturgeschichte".

<u>38</u> Gewiß ist das unmäßige Lesen, namentlich, wenn es nur geschieht, um zu lesen, von großem Schaden. Der Lehrer lese alles nur in Beziehung auf seinen Beruf und seine Lehrfächer. Namentlich gewöhne er sich daran, mit der Feder in der Hand zu lesen. Er merkt sich dadurch nicht allein das

Gelesene besser, sondern er verbessert auch seinen Stil. Er achte aber auch auf das Lesen seiner Zöglinge. Er bewahre sie vor dem verderblichen Viellesen; deshalb ist die Benutzung der Schülerbibliothek wohl zu kontrollieren, und man halte darauf, daß der Schüler über den Inhalt des aus derselben entnommenen Buches Bericht erstatte.

39 Schon im Dessauer Philanthropin gab es Meritentafeln. Von hier aus führte Salzmann sie auch in seiner Anstalt ein. Die Meritentafeln bestanden bei Salzmann aus einer schwarzen, im Betsaal aufgehängten und mit den Namen sämtlicher Schüler versehenen Tafel. Für jede Leistung und Arbeit erhielten die Zöglinge je nach dem Werte derselben „Billette des Fleißes". Hatte einer 50 von diesen, so ward hinter seinem Namen auf der Tafel ein gelber Nagel eingeschlagen = er hatte einen „goldenen Punkt" erworben. Wer deren 50 hatte, erhielt den „Orden des Fleißes", der bei feierlichen Gelegenheiten auf der Brust getragen ward. Er bestand aus einem goldenen Kreuze, das in der Mitte ein rundes Schildchen hatte, auf dem sich ein erhaben gearbeitetes Grabscheit mit den Buchstaben D. D. u. H. (= Denken, Dulden und Handeln) befand. Durch diese Auszeichnungen ward der Fleiß des Schülers wohl angespornt, aber auch ein falscher Ehrgeiz und die Selbstüberschätzung großgezogen. Das Lernen ward dadurch zum Mittel zum Zwecke herabgewürdigt, anstatt selbst Zweck zu sein. Nicht äußerliche Auszeichnung, sondern der Unterricht des Lehrers soll das unmittelbare Interesse des Lernenden, mit dem dieser sich ganz dem Wissensstoffe hingiebt, erwecken. Wenn Salzmann gegen die körperliche Züchtigung redet, so hat er diese Ansicht nicht immer gehabt. In „Noch etwas über die Erziehung" und im „Konrad Kiefer" empfiehlt er sie noch. Unserer Ansicht und Erfahrung nach muß der Lehrer die körperliche Züchtigung nur als letztes Strafmittel ansehen, zu dem er erst dann greifen darf, wenn alle anderen nichts gefruchtet haben. Auch Luther empfiehlt einen „eichenen Butterwecken" als „geistige Salbe". Der Pädagoge Ludw. Döderlein sagt: „Es kann eine Schule bestehen ohne körperliche Züchtigung, aber nicht ohne die Möglichkeit derselben, nicht ohne die Berechtigung zu derselben."Gegen die körperliche Züchtigung schrieb Schuldirektor Dr. Th. Mertens in Hannover († 1887) in seiner Schrift: „Schläge in der Schule?"

40 „Non est quovis ligno fit Mercurius" = „Nicht aus jedem Holze läßt sich ein Merkur schnitzeln." Dieses Wort soll von Pythagoras herrühren. Dem Comenius ward auf seine Forderung: jeder Mensch müsse unterrichtet werden, dies Wort entgegengehalten. Seine Antwort war: „Aber aus jedem Menschen ein Mensch."

Ende.

Fußnoten:

A Ich gebrauche hier und in der Folge das Wort Knaben, weil ich bei Ausarbeitung dieses Buches freilich immer die Behandlungsart der Knaben vor Augen hatte. Das meiste wird aber auch auf die Mädchenerziehung, mit einigen Abänderungen, können angewendet werden.

B Seit zwanzig Jahren bin ich Vorsteher einer Erziehungsanstalt, in welcher Kinder von allerlei Familien und Nationen zusammen leben; ihre Zahl beläuft sich seit einiger Zeit beinahe auf 70. Unter diesen lebe und webe ich vom Morgen, bis ich ins Schlafzimmer gehe. Wären nun die Kinder so schlimm, wie sie von manchen Erziehern geschildert werden, wie könnte ich das aushalten? Müßte ich nicht schon einigemal ein Gallenfieber bekommen haben? Das geschieht aber nicht; vielmehr befinde ich mich in ihrer Gesellschaft sehr wohl. Dies kommt nicht daher, weil sie so vollkommen, so musterhaft wären; sie geben mir vielmehr beständig Beispiele von Leichtsinn, Unbesonnenheit u. dergl. Nach geendigter Lehrstunde spielen, laufen, springen, jauchzen sie; ich trete unter die jubelnde Gesellschaft, und meine Gegenwart macht weiter keine Veränderung. In diesem allen finde ich nun nichts Beleidigendes, weil ich glaube, Kinder sind Kinder, denken und handeln wie Kinder. Daher gehen Wochen hin, ehe ich durch sie einmal geärgert werde. Geschieht dies, und ich prüfe mich genau, so finde ich gemeiniglich, daß der Grund davon doch in mir selbst liege, weil entweder in meinem Körper Unordnung ist, oder weil ein anderer unangenehmer Vorfall mich verstimmt hat, oder weil ich mit Geschäften zu sehr überladen bin. Je aufmerksamer ich auf mich selbst werde, desto seltener werden auch die Beleidigungen. Ja ich kann versichern, daß in den 20 Erziehungsjahren, die ich hier verlebt habe, ich mich nicht erinnern kann, daß einer meiner Zöglinge mit Überlegung etwas in der Absicht gethan habe, um mich zu kränken. Man verzeihe mir dieses offenherzige Geständnis. Es kann mir dasselbe ebensowenig als Ruhmredigkeit angerechnet werden, als dem Baumgärtner, wenn er in seinem Buche über die Baumzucht bisweilen etwas von seiner eigenen Baumpflanzung sagt. Übrigens gestehe ich gern ein, daß von meinen Pflegesöhnen der Schluß nicht sogleich auf alle Kinder gemacht werden kann. Denn ob sie gleich aus verschiedenen Häusern und Ländern zusammengeführt sind, so leben sie doch in einer gewissen Absonderung von der übrigen Welt, und das Beispiel der Erwachsenen, das Entgegenwirken der Eltern, Tanten, des Gesindes u. dergl., die Verführung der Knaben, die ohne Aufsicht und Erziehung aufwachsen, hat auf sie keinen Einfluß.

Ein anderer Erzieher, dem von allen Seiten entgegen gearbeitet wird, hat freilich mit größeren Schwierigkeiten zu kämpfen.

C Da mehrere Leser diese Behauptung für zu kühn erklären werden, so erlaube man mir, daß ich wieder eine Thatsache aus meinem Wirkungskreise aufstelle. Ich bin jetzt der Pflegevater von beinahe 70 jungen Leuten, die in ganz verschiedenen Himmelsstrichen, von Lissabon bis Moskau, geboren wurden, in deren erster Erziehung also notwendig eine große Verschiedenheit war. Diese jungen Leute sind alle gesund, auf ihren Köpfen ist nicht der geringste Ausschlag sichtbar, es gehen bisweilen drei Jahre hin, ohne daß einer bettlägerig wird, und in den 21 Jahren, in denen ich meiner Anstalt vorstehe, ist kein einziger gestorben. Gleichwohl bin ich kein Arzt. In den ersten zehn Jahren, die ich hier lebte, betrat nie ein Arzt mein Haus. Erst dann, da sich die Zahl meiner Zöglinge sehr vergrößerte und zu besorgen war, daß ich etwas bei ihnen übersehen möchte, fing ich an, mich ärztlicher Hilfe zu bedienen.

Von der Gesundheit deiner Zöglinge, wird man sagen, sind deine gesunde Luft und dein gesundes Wasser die Ursachen.

Diese sind freilich viel wert, allein wenn wir das gesunde Wasser nicht tränken, uns darin nicht badeten, uns in der gesunden Luft nicht herumtummelten, so würden beide uns wohl wenig helfen.

Die Art, wie wir hier junge Leute behandeln, ist die wahre Ursache, warum sie sich so sehr durch Gesundheit auszeichnen und der Tod bisher noch nicht zu ihnen kam.

Sollte einmal von den Grundsätzen, nach welchen bisher hier erzogen wurde, abgewichen werden, sollte man sich mehr an die in vornehmen Häusern gewöhnliche Lebensart anschmiegen, so würde man in Schnepfenthal, ebenso wie in anderen Anstalten, Krankenstuben errichten müssen; statt des blühenden Rots, das die Wangen der jungen Schnepfenthäler auszeichnet, würde Blässe sich einfinden, und unser Gottesacker würde Grabmäler von jungen hoffnungsvollen Knaben bekommen, die in der Blüte ihrer Jahre ein Raub des Todes wurden.

Dies alles schreibe ich bloß in der Absicht nieder, um die Leser zu überzeugen, daß es allerdings möglich sei, seine Zöglinge gesund zu erhalten, ohne sich der Heilkunde beflissen zu haben.

D Einige behaupten, die Nervenkrankheiten, die in unseren Tagen so gewöhnlich sind, wären eine Folge der kalten Bäder. Deshalb will ich nun mit niemandem streiten. Das sage ich aber ganz freimütig und laut, daß von den jungen Leuten, die ich erzogen habe und noch erziehe, deren mehrere Hundert sind, kein einziger eine Nervenkrankheit bekommen hat (wenn auch einmal ein hier erzogener nervenkrank würde, so folgte doch daraus noch nicht, daß dies vom kalten Bade komme), daß von alle den nervenkranken Personen, die ich kannte, nicht eine einzige sich kalt badete, und daß es mir nicht recht glaublich ist, daß die Nervenkrankheiten, an welchen die Frauenzimmer in N. leiden, von den kalten Bädern der Zöglinge zu Schnepfenthal herrühren sollten.

E Ich bemerke ein für allemal, daß ich in diesem Buche mich vorzüglich mit Jünglingen unterhalte, die sich zur Erziehung bilden wollen. Sollte also dieser und jener bereits gebildete Erzieher manches Bedürfnis haben, gegen welches ich hier spreche, manche Fertigkeit nicht besitzen, welche ich dem sich bildenden Erzieher empfehle, so soll ihm durch meine freimütigen Äußerungen kein Vorwurf gemacht werden. Dies wird mir aber jeder zugestehen, daß der Erzieher mit mehr Nachdruck wirken kann, wenn er von den Bedürfnissen frei ist, an welche er seine Zöglinge nicht gewöhnen, und die Fertigkeit selbst besitzt, die er ihnen beibringen will. Was soll nun aber der Erzieher thun, bei dem dies der Fall nicht ist? Freimütig heraussagen: diese Angewöhnung, dieser Mangel ist eine Unvollkommenheit, die von meiner ersten Erziehung herrührt, gegen welche ich euch auf das beste zu verwahren suchen will.

F Der aufgesetzte Entwurf ist einen Bogen lang. Um den Raum zu schonen, füge ich davon nur dieses Bruchstück bei, das aber hinlänglich sein wird, den denkenden Erzieher zu belehren, wie viel an den gewöhnlichsten Dingen des gemeinen Lebens bemerkt und unterschieden werden kann.

G Dieses laute Nachsprechen der ganzen Versammlung hat gewiß seinen sehr großen Nutzen. Es erhält die Kinder in Thätigkeit, reizt sie zum Lautsprechen und prägt den Vortrag ihrem Gedächtnisse ein. Man muß aber von dieser Übung mit Vorsicht Gebrauch machen. Will man gewisse Wörter und Sätze dem Gedächtnisse seiner Kleinen einprägen, so ist das öftere laute Aussprechen derselben von der ganzen Versammlung hierzu gewiß ein wirksames Mittel. Will man aber durch eigenes Urteil den Verstand üben, so halte ich das chormäßige Aussprechen für zweckwidrig, weil die Kinder dadurch vom Selbsturteilen abgezogen und zum Nachbeten gewöhnt werden.[25]

Wie man bei den sonst so verdrießlichen ABC-, Sillabier- und Leseübungen die Kinder in einer angenehmen Selbstthätigkeit erhalten kann, glaube ich in Konrad Kiefers ABC- und Lesebüchlein hinlänglich gezeigt zu haben.[26]

H Da die Erzieher so selten sind, die in ihren Händen Geschicklichkeit besitzen, etwas zu arbeiten, so hat es mir Mühe gekostet, den Unterricht in einigen Handarbeiten in meiner Anstalt einzuführen. Jetzt lernen meine Zöglinge folgendes: anfänglich Verfertigung von allerlei Spielereien aus Papier und Netzstricken, ferner allerlei Dinge aus Holz zu schnitzen, Korbflechten, Papparbeiten, Lackieren, Schreinern und Drechseln.

I Wer mit der Einrichtung meiner Erziehungsanstalt bekannt ist und weiß, daß in derselben sich Meritentafeln befinden, an welchen die Namen meiner Zöglinge geschrieben, und denselben gelbe Nägel beigefügt sind, durch welche der Grad ihres Fleißes bemerkbar gemacht wird, der wird sich wundern, daß ich dieses Erziehungsmittels hier gar nicht Erwähnung thue. Es ist also wohl nötig, mich hierüber zu erklären, zumal da es seit einiger Zeit anfängt gewöhnlich zu werden, daß man, um eine Erziehungsanstalt zu empfehlen, mit einem hämischen Seitenblicke auf die meinige, von ihr rühmt, sie habe keine Meritentafeln.

Die moralische Erziehung kann nur auf die Art, wie ich sie vorhin beschrieben habe, durch lebhafte Überzeugung von den Pflichten bewirkt werden und wird auf diese Art in meiner Anstalt betrieben.

Neben der moralischen Bildung ist aber in jeder kleinen und großen Gesellschaft eine gewisse Polizei nötig, wodurch die äußerlichen Handlungen der Glieder der Gesellschaft geleitet werden. Daher findet man in jeder guten Erziehungsanstalt eine Einrichtung, wodurch die fleißigen Zöglinge vorgezogen, die unfleißigen zurückgesetzt werden. Für meine Lage habe ich die Meritentafel zweckmäßig gefunden, nie aber sie andern zur Nachahmung empfohlen, vielmehr mein Mißfallen bezeigt, wenn ich bisweilen in Familien Meritentafeln vorgefunden habe.

Ich erreiche in meiner Anstalt damit zwei sehr wichtige Zwecke: erstlich, daß Kinder, bei denen die Vernunft noch in der Entwickelung steht, das Verhältnis, in welchem sie gegeneinander in Ansehung ihres Fleißes stehen, immer sinnlich dargestellt erblicken. Zweitens, daß die Lehrer ein Mittel in den Händen haben, ihren Zöglingen, ohne körperliche Züchtigungen, die ich in dem Kreise meiner Pflegesöhne nicht dulde, ihre Pflichtvergessenheit durch den Abzug von Billets, deren fünfzig müssen erworben sein, wenn man neben seinem Namen einen gelben Nagel haben will, fühlbar zu machen. Wirklich fühlen sie diesen Abzug oft inniger, als manches an Schläge gewöhntes Kind eine körperliche Züchtigung. In der Zeit, daß ein Zögling sich seine fünfzig Nägel erwirbt, entwickelt sich gewöhnlich seine Vernunft so weit, daß er eines solchen sinnlichen Leitungsmittels nicht mehr bedarf. Er wird nun eine Zeitlang auf die Probe gestellt, ob er auch ohne dieses Leitungsmittel seine Geschäfte ordentlich verrichte und die gesellschaftlichen Pflichten erfülle. Hält er die Probe aus, so wird er zum Offizier erklärt, als Jüngling behandelt, in die Gesellschaft der Erwachsenen gezogen, bekommt Aufsicht über die Kleinern u. s. w. Den Orden des Fleißes habe ich schon seit geraumer Zeit abgeschafft. Er war eben das, was eine Offiziersstelle ist. Die Sache ist geblieben, der Name aufgegeben, und da die gewöhnlichen Menschen mehr an dem Namen der Dinge, als an den Dingen selbst hängen, so hoffe ich, daß diejenigen beruhigt sein werden, denen der Name Orden anstößig war.[39]

Lightning Source UK Ltd.
Milton Keynes UK
UKHW010746271222
414464UK00004B/286